2019~2029
시나리오
한반도

2019~2029
시나리오
한반도

모자이크 코리아 지음

김동재(연세대 국제학대학원 교수) 감수

쌤앤파커스

"역사는 날마다 우리의 현재와 미래에
영향을 끼치고 있는 실재다."

"History is a reality which each and everyday continues to
affect our present and our future."

빌리 브란트Willy Brandt(전 서독 총리, 독일 통일의 초석을 놓은 공로로 노벨 평화상 수상)

김동재(연세대학교 국제학대학원 교수)

《시나리오 한반도》, 이 책은 한 치 앞도 예측할 수 없는 한반도의 불확실한 미래에 대한 우리의 기대와 우려를 '시나리오 플래닝'이라는 방법론으로 풀어낸 것이다. 그 누구도 미래를 예측할 수는 없다. 하지만 미래가 전혀 근거 없는 우연만으로 펼쳐지는 것은 아니다. 흔히 말하는 '전조(前兆)'가 있기 마련이다. 진지한 관심과 고민에 기반을 둔 예리한 관찰과 공감을 통해 미세한 시그널을 감지한다면 통상적이고 관행적인 시각에서는 도저히 상상하지 못하는 미래를 예상할 수 있다. 시나리오 플래닝은 이러한 미래의 상상을 체계적으로 도출하게끔 해주는 기법이다.

시나리오 플래닝은 2차 세계대전 이후 미국 랜드(RAND) 연구소에서 허먼 칸(Herman Khan)을 중심으로 한 연구진이 소련과의 냉전 체제하에서 핵전쟁 발발 가능성을 체계적으로 연구하면서 개발되기 시작하였다. 현재 한반도의 불확실성 역시 핵 문제를 배경으로 하고 있다는 것은 시사점이 크다. 핵무기는 이와 관련된 당사자와 이해관계자들의 생과 사를 가름하는 극단적인 상황을 가정하게끔 하는 극심한 불확실성을 야기하기 때문이다. 최근 수년간 한반도의 체험적 사실은 앞으로 다가올 미래에 적지 않은 전조를 던져주고 있는지 모른다. 이제까지 경험해보지 못한 길을 가야 하는 데 대한 불안감과 기대감이 교차하고 있고, 각기 나름대로의 관점에서 미래에 대한 이런저런 의견을 쏟아내고 있는 그야말로 대혼란의 시점이다.

한반도의 10년 후. 각계 전문가들이 의기투합한 집단 지성이 현재 시점에서 한반도의 미래를 상상해보기로 했다. 이제까지 각자 나름대로 생각해오던 바를 시나리오 플래닝 기법을 활용해서 이른바 '집단 지성' 방식으로 정리하기로 하였다. 출발선상에서 대부분의 참여자는 시나리오 플래닝 방법론에 대한 전문적인 지식이 없었다. 참여자 중 소수가 시나리오 플래닝을 기업 전략의 측면에서 상당한 기간 동안 실제 적용해온 경험을 소개하고 구체적인 방법론을 공유하면서 이들은 점차 한반도의 미래를 얘기해나갔다. 토론의 횟수가 거듭될수록 일견 산만해 보이는 내용이 시나리오 개발의 단계를 통해 골격을 잡아가고 살을 붙여가기 시작했다. 주요 동인(key drivers)을 추론해내고 시나리오 개발의 축을 잡는 과정은 아마도 여러 번의 반복적인 토론 과정을 거쳤을 것으로 짐작된다. 당연한 얘기지만, 시나리오 개발에 정답은 없다. 사실상 시나리오 플래닝의 진수는 토론 과정 그 자체이다. 내 경험에 따르면, 시나리오를 도출해내는 과정에서 미래와 관련된 해당 조직의 문제점과 잠정적인 해결 대안이 떠오르기 마련이다. 집단 지성 모두가 한반도에 살고 있고 한반도의 미래와 운명을 같이하기에, 이들의 토론 과정은 절실했고 깊이가 더해질 수밖에 없었을 것이다.

나는 시나리오 플래닝을 시도하는 여러 조직들이 어떠한 전형적인 오류를 겪는지 경험적으로 알고 있다. 불확실한 미래에 대한 내용을 제공한다는 시나리오 플래닝의 표면적인 모습에 본능적으로 끌려서 많은 조직들이 시도를 하지만, 대부분 장기적 관점이 아닌 단시일 내에 성과를 얻기 위해 외부 컨설턴트나 전문가를 초빙하여 일회성 시나리오 플래닝을 수립한다. 더구나 시나리오를 다양한 미래의 가능성으로 받아들이고 그에 대한 대비책을 마련해가는 과정에서 전략적 시사점을 생각해내야 함에도, 시나리오 자체를 해결안이라고 오해하는 경우가 많다. 또한 시나리오 플래닝은 조직의 명운을 가늠하는 그야말로 전략적 사안에 한해서 활용해야 하는데, 시나리오에 대한 깊은 이해 없이 단순히 경영 기법으로 간주하고 조직의 일상적인 사안에까지 시나리오를 도입해서 쓸데없는 혼란만을 초래하는 경우도 허다하다.

시나리오 플래닝의 효과를 제대로 보려면 지속적인 관심과 노력이 필요하다. 단순히 낙관이나 비관의 시나리오를 추출하는 것이 아니라 세상의 흐름을 체계적으로 들여다보고 그 흐름에서 전략적 시사점을 이끌어낼 수 있어야 한다. 한반도의 운명을 바라보는 시각도 마찬가지다. 단순히 특정 의사 결정자의 마음을 읽어내는 것이 중요한 것이 아니라, 변화의 주요 맥락을 읽어냄으로써 한반도의 불확실한 미래에 대비할 수 있는 전략적 통찰을 제공해야 한다. 그런 의미에서 이 책의 의의는 아주 크다. 시기적으로 적절할 뿐만 아니라, 각계 집단 지성의 다양한 시각이 녹아들어가 있다는 점에서 향후 10년에 걸쳐 한반도의 가능한 여러 미래와 그 시사점을 고민해보는 출발점을 제공한다. 미래를 미리 생각해보는 시나리오의 또 하나의 의미는 이렇게 미래를 앞서 들여다봄으로써 더 나은 미래를 지향할 수 있다는 점이다. 바람직한 미래를 상정해보면, 그런 미래를 만들어가는 단초를 찾아낼 수도 있기 때문이다. 결국 미래는 지금 우리가 어떻게 생각하고 행동하는가에 따라 달라지는 것이다. 모쪼록 한반도의 미래가 지금 우리의 현명한 의사 결정을 통해 멋진 모습으로 나아가는 궤적을 상상해본다.

문정인(연세대 명예특임교수 | 대통령 통일외교안보 특보)

2018년 한 해 한반도에는 커다란 변화가 있었다. 전례 없이 남북 정상회담이 세 차례나 열렸고 북미 정상회담도 한 차례 개최되었다. 그리고 11월 1일부터 남과 북은 휴전선과 서해 북방한계선 일대의 육상, 해상 그리고 공중에서 일체 적대 행위를 중단하기로 한 합의를 실천해나가고 있다. 전쟁의 위기로 치닫던 2017년을 회고해볼 때 이는 참으로 놀라운 반전이 아닐 수 없다. 신기루처럼 보이던 한반도의 비핵화와 평화 그리고 통일이 점차 가시화되는 듯하다.

바로 이 시점에 모자이크 코리아 팀이 펴낸《시나리오 한반도》를 아주 흥미롭게 읽었다. 이 시대를 이끌어나갈 다양한 분야의 집단 지성이 중지를 모아 만들어낸 이 책은 앞으로 있을 10년 후의 한반도 미래를 설득력 있게 그려내고 있다. 이들의 작업이 다른 연구와 크게 차별화되는 것은 한반도의 미래를 단선적, 정태적으로 보지 않고 현실의 변동성, 불확실성, 복잡성 그리고 모호성을 감안하여 역동적으로 예측하고 있다는 점이다. 특히 남한과 북한에서의 변화 그리고 그 결과로 나타날 수 있는 남북한 관계의 변화를 4가지 시나리오로 추려내 분석하고 있다. 이들이 제시하는 가장 바람직한 한반도의 모습은 남북 주도로 번영을 이루어내는 것이다. 이를 위해 남한의 통합을 필요조건으로, 그리고 북의 경제성장과 남북경제 통합을 충분조건으로 제시하고 있다.

이 책은 여러 면에서 탁월하다. 무엇보다 '시나리오 플래닝'이란 기법을 통해 상상력과 과학적 분석을 절묘하게 조화시키고 있다. 한반도 문제를 분석하는 데 쉽게 범할 수 있는 당위론의 함정에서 벗어나 객관적으로 미래를 내다보고 있다는 점도 높이 살 만하다. 게다가 단순한 시나리오 도출을 넘어서 구체적 대안들을 제시하고 있다는 것도 이 책의 큰 장점이라 할 수 있을 것이다. 다양한 전문 분야의 전문가 집단이 이 연구에 참여했는데도 불구하고 논지가 난삽하지 않고 일관성과 체계성을 잘 유지하고 있다는 점도 눈여겨볼 만하다. 마지막으로 이 책은 어렵고 복잡한 주제를 풍부한 사례와 아주 간결한 문체로 쉽게 풀어내고 있다.

나는 평소에 '평화를 원하면 전쟁이 아니라 평화를 준비해야한다.'라고 강조하며, '평화는 막연하게 기다리는 자들이 아니라 확고한 자신감으로 준비하는 자들에게 다가온다.'는 주장을 펴온바 있다. 그런 점에서 평화는 꿈꾸고 상상하는 자들의 것이라 하겠다. 이 책이야말로 그런 작업을 웅변적으로 보여주고 있다. 그런 점에서 한반도의 운명을 고민해온 '모자이크 코리아' 팀의 노고를 높게 평가한다. 이들의 열정이 민들레 홀씨가 되어 한반도 전역에 평화와 통일의 꽃을 피울 것이라 확신한다. 한반도의 평화, 번영 그리고 통일의 미래에 관심 있는 모든 이들에게 이 책을 강력히 권하는 바이다.

배기찬(대통령 직속 정책기획위원회 위원 | 전 청와대 비서관)

나는 2005년에 《코리아 다시 생존의 기로에 서다》라는 책을 출판한 적이 있다. '생존의 기로에 선' 코리아가 어떻게 새로운 운명을 개척할지 그 방법을 5,000년 역사에 대한 연구를 통해 찾으려 했다. 그 책의 맨 마지막에 "역사의 상황 속에서 필연적인 것을 완성하는 사람이야말로 바로 운명을 창조하는 사람이다. 코리아의 운명은 우리에게 선택을 요구하고, 이 선택에 자신과 코리아를 집중시키는 위대한 사람들을 요구한다."라고 지적한 바 있다. 2017년 나는 이 책을 증보하여 《코리아 생존전략》을 다시 펴냈다. 지금은 '궁즉변(窮則變)'의 시기이자, '카이로스'의 시기로서 '순간의 선택이 운명을 좌우하는 기회의 시간이며 결단의 시간'이다. 이 시기에 우리는 무엇을 할 것인가? 새로운 비전과 우리의 운명을 우리가 개척한다는 주인의식이 필요하다고 강조했다.

2019년의 시작, 평화에 대한 벅찬 기대로 요동치는 이 중차대한 시기에 '역사'가 아니라 '미래'를 통해 우리의 운명을 개척하려는 끈질긴 시도가 결실을 맺어 우리 앞에 나왔다. 젊은 지성 23인이 모여 한반도의 2029년까지 10년간의 시나리오를 냉철하게 바라볼 수 있는 내비게이션 같은 책을 펴냈다. 이 책은 시나리오 플래닝을 통해 남과 북의 시나리오를 펼쳐 보이고, 이를 통합해서 '한반도의 운명을 가름할 경우의 수'를 보여준다. 과거를 모르면 과거를 되풀이한다. 그리고 과거의 악순환에서 벗어날 수 있는 유일한 방법은 비전을 갖고 여기에 온 힘을 집중하는 것이다. 이 책은 한반도에 살고 있는 모든 이들에게 새로운 희망의 빛, 비전을 보여주고 있다. 비전은 간절하고 생생한 꿈이다. 그 꿈을 현실로 만들려면 혼자서는 불가능하다. 혼자 꾸면 꿈이지만 같이 꾸면 현실이 된다고 했다. 한반도의 운명을 결정한 카이로스의 시간에 나는 5,000만 국민 모두가 이 책을 통해 코리아의 진로를 알려줄 좋은 내비게이션을 갖게 되기를 원한다.

양우석(영화감독 | '변호인', '강철비' 연출)

자고로 공상이나 몽상에는 힘력(力) 자를 붙이지 않지만 우리는 상상에 대해서는 힘력 자를 더해 상상력(想像力)이라고 부른다. 상상은 힘이 되는 것이다. 언제나 필요한 힘이며 키워나가야 할 힘이지만 그 어느 때보다 상상력이 필요해진 시기가 작금의 한반도다. 70년도 넘은 오랜 분단으로 우리는 무뎌져 있지만 2017년 한반도는 전쟁 직전까지 갔었고 그 원인은 아직까지 해결이 되지 않은 상태다.

《시나리오 한반도》, 집단 지성의 필자들이 힘 하나하나를 모자이크처럼 붙이고 붙여 그 상상력의 총합을 '모자이크 코리아'의 이름으로 펼쳐내었다. 백척간두의 위기였던 2017년 7월부터 지금까지 격동의 1년이 넘는 시간을 보내며 토론하고 고민하고 공부하고 상상해온 것을 결과물로 만든 것이다.

'모자이크 코리아'라는 집단지성은 《시나리오 한반도》에 치열한 상상력만 더한 것이 아니다. 분단된 조국에 대한 걱정과 소망까지 담았다. 이 책을 보시게 될 독자 여러분은 사실 관계나 지식, 새로운 관점과 논리를 얻는 것으로 그치지 않고, 70여 년 넘게 분단되고 고통받아온 조국의 미래에 대해 이러저러한 상상력을 보태고 있는 자신을 발견하게 될 것이다. 그것이 이 책이 가지고 있는 최대의 미덕이다.

다니엘 린데만(독일 출신 방송인)

　　동서독의 통일은 아무 계획이나 시간표 없이 순식간에 이뤄졌다. 그 당시 독일 국민들은 어떤 비용이 들더라도 자유와 통일의 순간을 절대 놓쳐서 안 된다고 생각했기 때문이었다. 당시 독일은 얻은 것도 많았지만 문제점도 있었다. 한반도는 어떨까? 지금 한반도의 미래는 불확실하다. 그러나 이 책을 통해 다양한 미래 시나리오를 접할 수 있어서 다행이라고 생각한다. 여러 분야의 전문가들이 시나리오 플래닝을 통해 한반도의 평화를 모색하고 있기 때문이다. 대한민국 그리고 한반도는 어디로 갈 것인가(Quo Vadis)? 이 책에 답이 있다.

차례

Ⅰ 경우의 수
한반도 시나리오 플래닝

PART 01 시나리오 플래닝, 2029년

PART 02 시나리오 남한

II 운명의 축
4대 시나리오

PART 05 시나리오 한반도

무엇을 해야 할 것인가?

|에필로그|
더 이상 아픈 역사를 반복하는 이유는 없다

프롤
로그

2029년,
한반도의 미래를 그리다

2016년 11월부터 시작된 100여 일간의 촛불혁명은 "피청구인 대통령 박근혜를 파면한다."라는 헌법재판소 주문을 만들어냈고, 헌정 사상 처음으로 직선제에 의한 대통령 보궐선거를 통해 새로운 정부를 탄생시켰다. 또 4차 산업혁명이라는 정체불분명한 쓰나미가 닥쳐왔고 청년들이 원하는 일자리는 점점 사라져갔다. 출산율은 매년 최저 수치를 갱신하여, 지금 추세라면 2500년에는 남한 인구가 33만 명밖에 남지 않을 것이라는 전망도 나온다. 이처럼 국내에서 들려오는 다양한 뉴스들은 드라마보다 극적인데, 한반도를 둘러싼 주변 정세는 그보다 더 격한 변화를 보여주고 있다. 겨우 1년 전만 해도 한반도는 전쟁 일촉즉발의 상황이었다. "핵 단추가 내 책상에 있다."고 위협하는 김정은에 맞서 "내 책상에 있는 단추가 더 크다."며 으름장을 놓는 트럼프, 그리고 가방에 여권을 넣고 다녀야 하는 것 아니냐는 웃지 못할 농담을 나누는 우리 국민까지, 그야말로 라면, 즉석밥 같은 피란 용품에 대한 뉴스가 폭증하던 참이었다.

그러나 예상치 못한 반전의 드라마가 평창 올림픽 무대에서 시작되었다. 물 건너간 제안인 줄 알았던 북한의 참가와 남북 단일팀 구성, 삼지연 악단을 비롯한 북한예술단의 남한 공연이 15년 만에 현실이 되었다. 결국 일회성 보여주기 행사겠지라며 반신반의했던 국민들에게 김여정 단장과 북한 대표단의 방남 그리고 대통령의 방북 및 남북 정상회담 제안까지 설마 했던 일들이 일사천리로 진행된 현실은 실로 충격 그 자체였다. 그 후 지난 평양 정상회담을 포함한 남북 정상 간 세 번의 만남은 한반도 곳곳에 평화에 대한 희망과 기대를 갖게 한다. 판문점과 백두산 천지에서 두 정상이 손을 잡고 허심탄회하게 대화를 나누는 장면은 뉴스도 이렇게 감동을 줄 수 있구나 하는 기이한 경험을 하게 했다. 종전선언, 비핵화, 평화제체… 이런 이야기들이 한꺼번에 쏟아져 나왔다. 말 그대로 평화를 향한 질주였다. 싱가포르에서 이뤄진 세기의 만남도 세계의 시선을 한반도로 모으기에 충분했다. 불과 몇 개월 전만 해도 김정은과 트럼프가 직접 만나 악수를 할 것이라고 상상한 사람이 누가 있었을까? 'CVID(완전하고 검증 가능하며 불가역적인 핵 폐기)'와 'CVIG(완전하고 검증 가능하며 불가역적인 체제 보장)' 카드를 서로 교환하지는 않았지만 이미 한반도에는 비핵화 평화 프로그램이 작동되기 시작한 것이다. 평창에서 판문점을 거쳐 싱가포르까지 한반도의 평화를 위한 행보는 참 숨 가쁘게 이어졌다.

한마디로 2018년의 남한은 그 어떤 드라마나 영화보다 빠른 전개로 진행된 '다이내믹 코리아'의 진수(眞髓)를 보여주었다. 북한의 교묘한 수에 말려드는 것 아닌가 하는 일각의 우려가 없는 것은 아니지만, 이전에 기대할 수 없었던 평화와 번영에 대한 희망이 생긴 것만은 분명해 보인다. 이 같은 격변의 땅에 사는 우리들은 계속되는 속보를 접하면서 현 상황을 따라잡기에도 벅찬 현실이다.

우리는 지금 어디쯤 서 있을까?

잠시 숨을 돌려보자. 이렇게 매일 소용돌이치는 시간을 보내면 10년 후 대한민국은 정말 살맛 나는 나라가 되어 있을까? 눈앞에 닥친 큰 파도를 넘느라 정신없는 '대한민국호'는 과연 10년 후 어떤 모습으로 변해 있을까? 뉴스와 이슈에 온 사회와 국민이 매몰되어 아무도 우리가 어디로 가는지 묻는 이가 없다. 삶은 속도가 아니라 방향이라는 어느 책의 제목처럼 사회와 국가도 결국 속도가 아니라 방향이 발전의 본질이지 않을까? 그럼에도 우리는 당장 발밑의 불을 끄느라 정작 눈을 들어 강 건너 벌어지는 일을 긴 호흡으로 조망하고 치밀하게 준비할 기회를 놓치고 있는 것은 아닐까? 한눈팔지 않고 정말 최선을 다해 달려왔던 이 길이 결국 잘못된 길이었다면 너무도 불행한 결말이 아닐까?

바쁠수록 긴 호흡이 필요한 법이다. 우리와 우리의 자녀들 그리고 그들의 자녀들이 살아갈 사회가 어떤 모습이 되어야 할지, 또 이를 위해 어떤 노력을 기울여야 하는지 방향을 제시하는 목소리가 필요하다. 작은 일 하나도 이루려면 합리적인 계획과 적잖은 노력이 들어가는 것이 세상 이치이므로 우리와 후손들이 살아갈 세상을 만드는 그 커다란 업을 위해서는 치밀한 계획과 분석 그리고 출렁거리는 파도에 휩쓸려가지 않고 앞으로 나아갈 수 있는 의지와 실력이 필요한 때이다.

수많은 언론 매체의 다양한 전문가들이 앞으로 한반도에서 벌어질 일들을 분주하게 분석하고 예측하고 있다. 하지만 불과 몇 개월 후를 전망하지 못했던 '전문가들의 말'은 극히 개인적이고 주관적인 견해에 지나지 않는다. 한반도, 아니 세계사의 흐름이 종종 그랬듯이 그 누구도 미래를 한 치의 오류도 없이 예측할 수는 없다. 한 치 앞을 내다보기 어려운 한반도에서 미래는 반드시 이럴 것이라고 하는 한 가지 상황에 '올인'하는 것은 매우 위험하고 무모한 일이다.

이 책은 남한과 북한 그리고 한반도 전체가 맞닥뜨릴 수 있는 다양한 상황에 관한 시나리오 플래닝을 시도한 작업이다. 한반도의 운명은 좋든 싫든 남한과 북한 모두에게 달려 있다. 분단 이후 우리 기업들과 정부를 끊임없이 괴롭혔던 '코리아 디스카운트' 혹은 '코리아 리스크', 더 넓은 세계로 나가 일해야 할 때 군복무에 발목 잡혀야 하는 우리 젊은이들의 상황을 보더라도 북한의 존재는 우리를 둘러싼 거의 모든 분야에서 크게 영향을 준다. 북한은 어떨까? 북한은 어찌 보면 남한보다 더 큰 무게로 우리에게 영향을 받고 있지 않을까?

두 체제가 엄연히 존재하는 한반도에서 상황이 다른 남과 북을 하나로 묶은 시나리오를 만들어내는 것은 만만치 않은 과정이었다. 그동안의 시나리오 플래닝이 특정 기업, 특정 국가에 한해 적용되었던 것인 만큼 현재 두 체제로 구성된 한반도 전체의 시나리오 플래닝을 위해서는 지금까지 단 한 번도 해보지 않았던 새로운 시도들이 반드시 필요했다. 즉 남한과 북한 각각에 대한 10년 후 시나리오를 준비한 후에 남북의 각기 가능한 시나리오들을 합쳐서 나온 조합들을 모두 펼쳐놓았다. 그리고 이를 바탕으로 현실성 있는 시나리오들 가운데 최상, 최악 그리고 그 중간의 시나리오늘을 만드는 3단계 과정을 거친 새로운 실험이자 도전에 나섰다.

시나리오 플래닝은 미래를 100퍼센트 예측할 수 있다는 맹신을 버리고 발생 가능한 복수의 시나리오를 인정하거나 오히려 각 시나리오를 이끌어내는 주요 요인들을 집중 분석하는 기법이다. 이 책의 주제인 한반도 시나리오 플래닝은 2029년 한반도의 미래를 결정할 주요 동인을 파악하고 이 동인들이 각각의 시나리오에서 어떻게 작동하게 되는가를 분석한 결과다. 이를 토대로 현재 주어진 상황에서 미래를 최상의 시나리오로 만들어 나아가기 위해 가장 중요한 동인들이 무엇인지 파악하고, 또 이들을 어떻게 관리해야 하는지에 대한 구체적인 지혜를 제시한다.

'통합'의 남한과 '성장'의 북한

앞으로 자세히 설명하겠지만 10년 후 한반도가 평화와 번영의 땅이 될 수 있도록 시나리오 플래닝이 제시하는 결론은 무엇일까? 그 첫째는 오늘날 남한에서 벌어지는 현실이 북한의 모든 상황에, 나아가서 남북한의 미래에 엄청난 영향을 미칠 것이라는 점이다. 이 사실은 오늘날 남한 사회에서 벌어지는 첨예한 갈등들을 잘 극복하고 사회 대통합을 이루어내는 일이 단순히 경제적인 성장과 풍요를 이루어내는 일보다도 한반도의 평화와 더 큰 성장을 위해 훨씬 중요함을 보여주는 단서가 된다. 그리고 둘째는 북한이 핵과 미사일로 체제 보장을 얻어내려고 노력하기 보다 피폐해질 대로 피폐해진 인민들의 먹거리 문제를 해결하는 편이 그들에게도, 한반도에도 절대적으로 유리하다는 사실이다.

이 사실들은 어찌 보면 우리의 직관과 일치하는 당연한 결과일 수 있고, 또 어떤 이들에게는 고개를 갸우뚱하게 만드는 내용일 수도 있다. 이 책을 읽는 독자가 전자의 경우라면 이 책을 통해 직관을 구체화하는 경험을 해보고 후자의 경우라면 이 책이 제시하는 논리적 흐름과 분석을 통해 갖고 있던 생각을 다시 한 번 고민해보는 기회를 가져보았으면 하는 바람이다. 이 책을 준비한 우리는 '남한의 사회통합'과 '북한의 경제성장'이 한반도 통일 전략의 양대 축이 되어야 한다고 담대하게 제안한다.

시나리오 플래닝의 가장 큰 장점은 오늘날의 현실이 어떤 상황을 향해 달려가고 있는지를 체계적으로 알려주는 조기경보시스템의 역할을 한다는 점이다. 시나리오 플래닝을 통해 예측하는 4가지 시나리오들은 가장 가능성이 높으면서도 대표적이고, 또 포괄적인 것이기 때문에 어떤 상황이든 설정한 좌표를 벗어나지 않을 것이다. 그런 만큼 당면한 급한 일에 매몰되어 있다가도 어느 순간 경보가 울리면 누구보다도 빨리 올바른 대응전략을 수립할 수 있는 기회를 제공한다. 그리고 이 기회는 종종 개인과 국가의 운명을 가를 것이다. 왜냐하면 한 걸음이라도 더 나아가 준비하고 계획한 이들에게 기회가 주어지는 것이 세상 이치이기 때문이다. 다른 표현으로 하면 자연은 진공을 싫어하고 그 진공을 먼저 메울 수 있는 개인과 국가에게 세상을 이끌 기회가 주어지기 때문이다. 이는 지도자와 국민 모두가 정신없이 빠른 속도로 변화하는 현실에 함몰되어 있는 우리의 상황에서 조금 더 긴 호흡을 가지고 사회를 차분히 바라볼 능력을 준다는 점에서 더욱 큰 의미를 지닌다.

통일, 일말의 가능성에서 시작한 꿈

한반도 시나리오 플래닝은 2017년 7월 20일 인사동의 한 카페에서 시작되었다. 가파르게 흘러가던 남북 정세 속에서 통일에 대한 일말의 가능성에 관한 진지한 토론이 이루어진 자리였다. 시나리오 플래닝이라는 다소 생소한 기법에 매혹되어 그 누구도 시도해보지 않았던 실험에 도전했다. 결과를 모른 채 한 걸음 한 걸음 나아가는 무모한 실험이었지만 참여한 이들의 다양한 아이디어는 서로에게 집단 지성의 힘을 느끼게 하기에 충분했다. 이를 통해 평화롭고 번영하는 한반도를 위해 남한과 북한이 어떤 모습으로 변화해야 하는지를 분명히 알아가는 흥분되는 과정이기도 했다.

수개월에 거쳐 2주에 한 번씩 만나는 강행군 아닌 강행군의 과정이 있었고 때론 밤을 세워가며 나누었던 토론의 열기와 진지함이 있었기에 이 책이 빛을 볼 수 있었다. 또 수직적이고 일방적인 소통 방식에서 벗어나 23명 한 명 한 명이 자신의 견해와 전문성을 자유롭게 공유한 과정은 통일을 준비하기 위해 우리 사회가 어떻게 변화해야 하는지를 다시 한 번 깨닫게 하는 기회가 되었다. 아무도 시도하지 않았기에 설렜고 남북한 교류와 통합, 더 나아가 통일을 통해 새로운 세상을 준비하는 이들을 만나는 커다란 기쁨의 시간이었다.

마지막으로 이 책을 준비한 23명의 '모자이크 코리아' 멤버들을 소개하고자 한다. 이 책에 참여한 23명이 어떤 사람들인지 한마디로 설명하는 것은 쉽지 않다. 이른바 북한과 통일 문제를 전업으로 삼는 전문가들도 있지만 또한 학자로, 법률가로, 기업인으로, 공무원으로, 언론인으로, 연구원으로, 또 아직 학생의 신분으로 다양한 분야에서 경험과 지식을 쌓아가고 있는 이들도 있다. 그리고 남한에서 태어난 이들과 북한에서 넘어와 새로운 삶을 시작한 이들도 함께했다. 이들의 공통점을 굳이 찾자면 통일에 대한 희망과 열망을 가지고 각자의 현장에서 노력해왔고, 또 통일을 통해 정말 살맛 나는 새로운 세상을 만들어보고 싶다는 꿈을 가슴 깊이 품은 이들이라는 것이다. 또 세대적으로는 이미 세상에서 알아주는 명망가와 전문가가 아니라 앞으로 다가올 새로운 세상에 조그마한 역할이나마 하기 위해 치열하게 준비하고 있는 사람들이다.

'모자이크 코리아'라는 이름은 결코 가벼운 이름이 아니다. 이 안에는 우리가 지향하는 통일 코리아의 정신이 녹아 있다. 더 이상 한 사람이 독단적으로 이끌어가는 영웅시대를 기다리지 않고 한 사람 한 사람이 자기 색깔을 밝히고 드러내는 과정에서 우리 사회가 하나의 멋진 모자이크가 되어가는 새로운 세상이다. 하나의 지배 논리에 속박되지 않고 다양한 의견들이 존중받는 밝고 넓은 인문의 세상이다. 남한은 주인이고 북한은 손님이 되는 배타적 세상이 아니라 한반도에 사는 우리 모두 그리고 북한 이탈주민들과 수백만의 코리아 디아스포라가 함께 주인이 되는 세상이다. 나아가서 다양한 국적, 인종과 종교가 서로를 인정하며 다양성의 힘을 발휘하는 나라이다. 우리 멤버 중에 외국인이나 타인종 출신이 없어 아쉽지만, '모자이크 코리아'는 순혈주의를 넘는 열린 나라여야 한다고 생각한다. 또한 '모자이크 코리아'는 모래알처럼 흩어진 세상이 아니다. 휴지통에 버려진 조각들의 조합을 모자이크라 부르지 않는다. 수많은 조각들이 있지만 그 안에 흐르는 하나의 주제와 테마가 존재할 때 흩어진 모자이크를 하나 된 모자이크가 되게 한다. 모자이크 코리아, 이것은 새로운 통일 코리아의 시대정신이라 할 수 있다!

끝으로 이 책을 세상에 소개하는 23명의 저자들은 한 가지 바람이 있다. 통일을 통해 다가올 새로운 세상은 일부 지도자들과 전문가들의 세상이 아니라 5,000만 남한 주민과 2,500만 북한 주민 그리고 한반도를 둘러싸고 살아가는 8억 명이 넘는 동북아시아인 모두의 것이 되어야 한다는 점이다. 그렇기에 현실에서 한 발 떨어져서 10년 후 다가올 미래에 대해 진지하게 고민하고 그 미래를 우리 모두가 원하는 시나리오로 만들기 위해 스스로의 역할을 고민하는 보통 사람들이 더 많아지기를 기대한다. 특히 새로운 세상에서 누구보다 많은 시간을 보낼 젊은이와 청년들이 이 흥분된 업(業)에 관심을 가지기를 기대하며 이 책을 시작한다.

I

경우의 수

한반도 시나리오 플래닝

PART
01

시나리오 플래닝,
2029년

오늘날 한반도에는 너무나 많은 변수들이 작용하고 있다.
그 변수들을 조합해서
현실 가능성 높은 시나리오를 모색해본다.

불확실한 한반도의 미래

오늘날 많은 이들은 한 치 앞을 알 수 없는, 시계(視界) 제로의 미래를 'VUCA'로 축약해 표현하곤 한다. 즉 미래는 변동성(Volatility), 불확실성(Uncertainty), 복잡성(Complexity), 모호성(Ambiguity)이 더욱 가중되고 있다는 뜻이다. 2019년 오늘 한반도의 상황을 설명하기에 'VUCA'보다 더 적절한 하나의 단어는 없을 것이다. 그래서일까. 그 여느 때보다 오늘의 사람들은 인간의 힘으로는 알 수 없는 '미래'에 더 큰 관심을 갖는다. 미래는 항상 두려움과 설렘이 교차하는, 가능성과 운명이 혼재하는, 둘이 손잡고 오지는 않지만 언젠가는 반드시 다가올 순간들의 복합적인 시간과 공간이다. 따라서 한층 복잡해지는 환경의 변화에 대해 먼저 "미래 예측에 충분한 정보가 있는가?"라는 질문을 하게 된다. 이에 대한 대답은 "완벽하지는 않더라도 충분한 정보의 획득은 가능하다."는 것이다. 오늘날 인터넷을 기반으로 한 정보통신 기술의 발달로 현재 우리는 세계 최대 규모의 장서량을 자랑하는 미국 의회 도서관이 200여 년에 걸쳐 수집한 자료보다 훨씬 많은 양의 자료를 15분 내에 컴퓨터에 저장할 수 있게 되었다. 따라서 정보가 부족하다는 말은 변명일 뿐이다. 이처럼 가용한 정보를 활용해 미래의 불확실성을 과학적인 분석 과정을 통해 접근하기 위한 시도 가운데 하나가 바로 '시나리오 플래닝'이다. 시나리오 플래닝은 기업이 수십 년간 인류의 역사 속에서 함께해온 꽤 오래된 기법이지만 최근 정치, 경제, 사회 등 모든 분야에서 그 유래를 찾아보기 어려운 총체적이고도 복잡다단한 변화 속에서 다시금 크게 주목받고 있는 게 사실이다.

불확실성과 선택적 리스크 대응

시나리오 플래닝은 미래 리스크에 대한 조기 파악 및 즉각적인 대응으로 리스크 발생 이전에 대응책을 수립할 수 있게끔 해준다. 그뿐 아니라 미래 예측으로 급변하는 환경에 대한 파악이 가능하며 이에 따라 변화에 대한 대응력을 제고할 수 있도록 도와주는 툴(tool)이라고 할 수 있다. 사실 그 기원은 2차 세계 대전 이후 미국 공군에서 상대 국가의 다양한 전략을 예측하고 대응하기 위한 전략수립 도구로 활용한 것에서 시작되었다. 이후 미국의 대표적인 싱크탱크 가운데 하나인 랜드연구소에서 냉전 체제하에서의 핵전쟁 발발 가능성 등을 체계적으로 연구하면서, 군사 및 민간 관련 수요를 예측하고 이를 기반으로 국방산업 및 첨단과학 연구개발을 선도하는 도구로 자리 잡게 되었다.

또한 결정적으로 일반의 주목을 받게 된 것은 시나리오 플래닝을 미래 경영환경 대응을 위한 핵심적인 경영 툴로 활용했던 기업 로열 더치 셸(Royal Dutch-Shell) 때문이라고 해도 과언이 아니다. 예컨대 로열 더치 셸은 냉전이 절정에 달했던 1980년대 소련의 붕괴를 예측하고 소련 내의 막대한 원유에 대한 공략을 기획, '사할린 프로젝트' 등을 통해 러시아 시장에 적극적으로 진출하게 된다. 이 회사는 1970년대에도 석유수출국기구(OPEC)의 설립을 예측하면서 석유 카르텔 형성에 대한 대응 전략을 수립해 다른 메이저 석유사들이 당황하고 있을 때 유연하고 신속한 대처로 피해를 최소화할 수 있었다. 당시 로열 더치 셸은 미국 석유 보유량의 급감, 서방 국가들의 석유 수요 증가 및 아랍 국가들의 반서구 감정 고조 등을 유가 파동의 징후로 해석하고 이에 대해 발생 가능한 시나리오 및 대처 방안을 수립했다. 이러한 미래 경영환경 예측의 성과를 바탕으로 1973년 석유파동 이전 세계 7대

석유 메이저 회사들 가운데 최하위권에 머물던 로열 더치 셸은
최고의 글로벌 회사로 급부상하게 되었다. 이후에도 시나리오 플
래닝을 상시적인 미래 대응방식으로 내재화함으로써 이 기업은
시나리오 플래닝의 대명사로서 많은 성과를 거두게 된다. 그래서
훗날 다수의 시나리오 플래닝 대가들이 공통적으로 거쳐간 회사
로 로열 더치 셸이 손꼽히기도 한다.

　다만 시나리오 플래닝에 대해 한 가지 명확히 해두어야 할 점
이 있다. 많은 사람이 시나리오 플래닝을 마치 미래를 예측하는
'마법의 거울'인 것처럼 여기기도 하는데, 정확히 말하자면 시나
리오 플래닝은 마치 점쟁이처럼 미래를 정확히 예측해내는 수단
은 아니다. 헤아릴 수 없이 많은 변수 속에서 고도로 복잡해져만
가는 미래는 합리적 사고와 첨단 과학적 도구를 활용하더라도 사
실상 예측 불가능하다. 나아가 어쩌면 예측 자체가 무의미할 수
도 있다. 또한 시나리오 플래닝을 잘 활용하는 기업이나 조직조
차도 예측하지 못한 상황에 직면할 수 있다는 점 또한 주지의 사
실이다. 1995년 로열 더치 셸이 1만 4,500톤에 달하는 석유 저장
시설을 북해에 폐기하려 하자, 그린피스 대원들이 이 시설을 점
령하고 셸과 밀고 당기는 공방을 하게 된다. 이 과정에서 처절하
게 싸우는 환경 운동가들의 모습이 전 세계 TV 뉴스에 방영되고

로열 더치 셸은 보이콧 운동이라는 위기에 직면하기도 했다. 이처럼 시나리오 플래닝은 불확실성을 있는 그대로 인정하되 미래를 대비하기 위한 지속적인 노력의 과정이지, 모든 것을 예측해내는 전지전능한 예측자가 아님을 이해해야 한다.

가시밭길의 한반도와 시나리오 플래닝

과거 시나리오 플래닝은 대부분 기업에서 논의되거나 활용되었다. 때로는 '코리아 시나리오'라는 이름으로 대한민국의 미래를 두고 시나리오 플래닝에 대한 접근이 시도되기도 했다. 하지만 남한과 북한을 통합한 한반도를 중심으로 하는 시나리오 플래닝의 시도는 여전히 쉽게 찾아볼 수 없을 뿐더러 뚜렷한 성과를 내지도 못했다. 그러나 오늘 이 순간, 한반도의 미래는 남북한 국민을 넘어서 지구촌 누구에게나 가장 궁금한 주제가 되었다. 평창 올림픽에서 시작된 평화의 기운은 2018년 4월 27일 판문점에서 열린 남북 정상회담을 통해 정점에 다다랐고, 이내 전 국민에게 큰 감동을 안겨줬다. 그리고 세계의 이목이 집중되었던 남북 정상회담은 곧바로 싱가포르에서 트럼프와 김정은의 만남과 평양에서의 3차 정상회담으로 이어지면서 한반도 대변혁의 초석을 구축했다. 불과 1년 전 안개 속에서 한반도의 미래를 고민하기 위해 모인 '모자이크 코리아 팀'조차 한반도의 정세가 몇 개월 만에 이처럼 급변할지 미처 상상하기 어려운 노릇이었다. 바야흐로 한반도 앞에 놓여 있던 짙은 안개가 서서히 걷혀가고 있었고 전쟁이라는 단어가 퇴색해가면서 반대로 통일이라는 부푼 꿈에 조금씩 무게를 두기 시작했다. 하지만 통일을 꿈꾸기에는 여전히 부족한 것이 많고 넘어야 할 산이 너무도 많다는 견해에는 이견이 없다. 오히려 한반도의 미래를 진지하게 고민할 필요성이 더욱 커진 셈이다. 그래서 오늘 우리는 더욱더 시나리오 플래닝이 필요하다. 더욱이 통일의 과정에 대해서는 매우 다양한 견해가 병립하고 있기에 한반도의 미래를 논의하고자 모인 '모자이크 코리아' 팀은 이를 몇 가지의 정제된 논리와 의견으로 재구성하고자 했다.

그렇다면 우리는 오늘, 한반도를 대상으로 한 시나리오 플래닝을 통해 무엇을 얻고자 하는 것인가? 첫째, 시나리오 플래닝은 미래의 잠재 리스크 요소에 대한 사전 감지를 가능하게 해준다. 현재 한반도는 역사상 가장 다이내믹한 주변 정세와 리스크와 함께 다시는 얻기 힘든 기회 앞에 놓여 있다. 달리 이야기하면 현시점은 우리 민족의 미래를 결정할 위급한 순간인 것이다. 따라서 통일은 말할 것도 없거니와, 시야를 넓혀 다양한 상황에 대한 준비가 필요하다. 한반도의 운명을 좌우할 이 기회 앞에 우리는 만반의 준비를 해야 한다. 시나리오 플래닝은 미래를 점검하며 급변하는 환경을 파악하게 하며 나아가 새로운 기회를 발견할 수 있는 토대를 제공해준다. 즉, 우리는 시나리오 플래닝이라는 창문을 통해 더 넓고 다양한 미래를 한층 구체적인 이미지로 투영해 볼 수 있다.

둘째로, 시나리오 플래닝은 미래에 대한 대응 능력을 높여준다. 최근 기업들은 미래에 대한 신속하고 민첩한 대응능력, 즉 '어질리티(Agility)'를 강조하기도 한다. 어질리티가 확보된 기업과 조직은 다양한 미래에 대한 시나리오 옵션들을 준비하고 있으며, 각종 리스크와 상황에 대해 인지하고 있어 실제 상황이 발생했을 경우 즉각적으로 대응할 수 있다. 이러한 관점에서 볼 때 앞으로 전개될 한반도의 미래 시나리오는 매우 복잡한 변수들로 인해 시시각각 변할 것이고 매 순간 한 수 빠른 대응이 모두의 미래를 좌우할 것이다.

한 가지 덧붙이고자 하는 것은, 한반도의 정치적 상황도 중대한 변곡점에 있지만, 잊어서는 안 될 것이 현재 우리가 인류의 역사를 통틀어 몇 번 안 되는 혁명의 소용돌이, 즉 4차 산업혁명을 동시에 경험하고 있다는 점이다. 3차 산업혁명까지의 경쟁 환경에서 한국은 패스트 팔로워(fast follower)로서의 전략이 불가피했고, 또 그 나름의 상당한 성과를 낸 것도 사실이다. 그러나 4차

시나리오 플래닝을 통한 미래 통찰 프레임워크

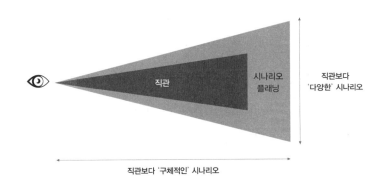

직관

시나리오
플래닝

직관보다
'다양한' 시나리오

직관보다 '구체적인' 시나리오

산업혁명에서 한국의 전략은 완전히 달라져야 한다. 인공지능 (AI), 사물인터넷(Internet of Things), 클라우드(Cloud), 빅데이터(Big Data), 모빌리티(Mobility)의 앞 글자를 따서 'AICBM'으로 불리는 주요 기반 기술에서 선진국이 앞서가고 있고, 독일 등은 이미 '인더스트리 4.0'의 응용사례를 하나씩 확보해가고 있다. 다만 상용화 기술의 경쟁은 이제 막 시작되었으므로 우리에게도 충분한 기회가 있음을 기억해야 한다. 이처럼 정치적 측면과 더불어 경제적, 기술적 측면에서의 급격한 환경 변화 또한 한반도의 미래를 더욱 다이내믹하게 만들고 있다.

시나리오 플래닝은 무엇인가

한반도 전체의 시나리오 플래닝을 살펴보기에 앞서 시나리오 플래닝을 조금 더 명확히 이해할 필요가 있다. 시나리오 플래닝은 미래 국가, 기업 등이 처하게 될 환경에 대한 동인 분석을 통해 다각적인 시나리오를 도출하고, 시나리오별 최적화된 대응 방안을 사전 수립함으로써 미래 불확실성에 대응하는 전략적 기법이다. 통상적으로 시나리오 플래닝은 그 대상에 따라 글로벌 차원, 국가 차원 그리고 산업이나 기업 차원에서 활용되는 것이 보통이다. 이 경우 방법론적인 차이는 크지 않으나 변화 동인들은 달라진다. 시나리오 플래닝의 방법론은 활용되는 목적과 분야에 따라 조금씩 차이가 있지만 공통적으로 ① 핵심 이슈의 정의 ② 핵심 동인 평가 및 선정 ③ 시나리오 개발 ④ 시나리오별 대응 전략 수립(이후 모니터링)의 과정을 거치게 된다. 이 책의 핵심 이슈는 '한반도의 미래'이다. 이를 구체화해보면 남한의 미래와 북한의 미래를 구분해볼 수 있고 각각의 미래와 더불어 한반도의 미래를 대상으로 시나리오를 개발할 수 있다.

핵심이슈에 영향을 미치는 변화 동인은 다양하게 분류할 수 있으나 국가 차원의 시나리오 관점에서는 대체로 정치, 경제, 사회, 기술, 환경, 자원 등을 주요 동인으로 꼽는다.

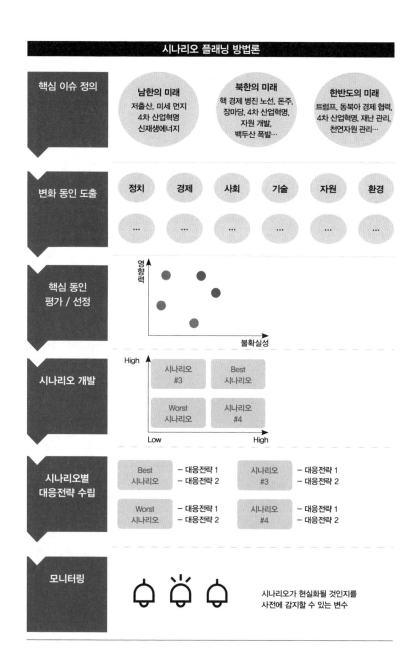

시나리오 플래닝 방법론

핵심 이슈 정의

남한의 미래
저출산, 미세 먼지
4차 산업혁명
신재생에너지

북한의 미래
핵 경제 병진 노선, 돈주,
장마당, 4차 산업혁명,
자원 개발,
백두산 폭발…

한반도의 미래
트럼프, 동북아 경제 협력,
4차 산업혁명, 재난 관리,
천연자원 관리…

변화 동인 도출

정치   경제   사회   기술   자원   환경

…   …   …   …   …   …

핵심 동인 평가 / 선정

영향력 / 불확실성

시나리오 개발

High / Low / High

시나리오 #3   Best 시나리오

Worst 시나리오   시나리오 #4

시나리오별 대응전략 수립

Best 시나리오 — 대응전략 1, 대응전략 2

시나리오 #3 — 대응전략 1, 대응전략 2

Worst 시나리오 — 대응전략 1, 대응전략 2

시나리오 #4 — 대응전략 1, 대응전략 2

모니터링

시나리오가 현실화될 것인지를
사전에 감지할 수 있는 변수

① 정치 동인: 국내 정치의 안정성이나 주변국과 같은 국제 정세 및 그에 대한 외교 활동을 포함해 통상이나 고용에 대한 법규나 규제 등을 포함한다.

② 경제 동인: 거시적 트렌드를 포함해 경제구조, GDP나 실업률, 임금/가격 통제, 인플레이션, 환율, 무역 등을 포함한다.

③ 사회 동인: 라이프스타일, 문화, 소비 패턴, 인구 성장률이나 분포 등을 의미한다.

④ 기술 동인: 기본적으로 정부와 산업 내 연구개발 투자, 기술 인프라, 특허 보호 등을 의미하지만, 최근 각광받고 있는 로봇이나 인공지능과 같은 4차 산업혁명은 신기술 수준이 중요해지고 있다.

⑤ 환경 동인: 다양한 공해 및 오염, 지구 온난화 등 생태적 자연환경 등을 의미한다.

⑥ 자원 동인: 에너지, 천연자원 등을 포함한다.

이러한 변화 동인 분석을 토대로 대표적 동인을 기준으로 2×2 매트릭스에 따른 4가지의 시나리오를 도출하게 되는데 이 시나리오들에는 다양한 미래를 펼쳐볼 수 있는 낙관적 또는 긍정적 시나리오와 중립적 시나리오 그리고 비관적 또는 부정적 시나리오가 포함된다.

한 가지 강조할 점은 시나리오를 도출하는 것 이상으로 활용이 중요하다는 점이다. 즉 도출된 시나리오를 통해 다가올 미래를 지속적으로 모니터링해야 하며, 가급적 변수를 통해 계량화함으로써 사전 대응이 가능하도록 해야 한다. 이처럼 어떠한 시나리오가 현실화될 것인지를 사전에 감지할 수 있는 변수를 사인 포스트(sign post)라고 하며 임계치를 설정함으로써 대응에 대한 가이드라인을 정립해두어야 한다. 이제 한반도 시나리오 플래닝에 앞서 시나리오 플래닝 접근법에 대한 전반적인 이해를 돕기 위해 미국이라는 국가를 하나의 사례로 10년 후 시나리오 개발 과정을 살펴보도록 하자.

미래 미국의 시나리오: 'America@250'

현재 미국에서는 각계각층에서 미국이 갖는 민족적, 사회적 다양성만큼이나 여러 가지 미래 시나리오에 대한 논의가 활발하게 전개되고 있다. 그 가운데 하나를 예로 들면 'America@250'를 주제로 국가 차원의 논의가 진행 중인데, 건국 250주년이 되는 2026년 미국의 미래 전망과 비전을 수립하기 위해 정재계 인사 등 각 분야의 오피니언 리더들이 함께 참여하고 있다.(글로벌 컨설팅 회사 AT커니와 〈월스트리트저널〉이 공동 수행, www.AmericaAt250.com 참조) 마치 1776년 미국의 건국자들이 새로운 국가의 안정과 번영을 목표로 공동의 비전을 세우기 위해 열띤 토론의 장을 마련한 것과 같이 각 분야의 전문가와 더불어 미국 전 국민이 소셜 미디어 등을 통해 상호 소통할 수 있는 비전 토론의 장이 온라인이라는 무한 공간에서 전개되고 있다.

미국은 역사적으로 대공황, 냉전시대와 같은 역사적인 변곡점을 경험한 이래 지금 그 여느 때보다 불확실한, 한편으로는 매우 어두운 미래 앞에 놓여 있는 것이 사실이다. 이러한 공감대 아래 미국이 매우 편파적인 국내 정치와 공공/민간 부문 사이에 깊어진 불신으로 인해 앞으로 더 교착 상태에 빠질 것인지 아니면 공동의 목표를 위해 향후 직면하게 될 많은 난관을 잘 헤쳐나갈 수 있을지에 대해 많은 담론이 오가고 있다.

오늘날 미국의 미래에는 긍정적인 면과 부정적인 면이 공존한다. 먼저 미국은 전 세계 국가들 가운데 기술 혁신 측면에서 세계를 선도하고 있으며, 또한 세계에서 가장 큰 석유 및 가스 공급자로서의 에너지 자원 보유국이다. 아울러 전 세계 500대 기업 중 200여 개 이상의 기업을 보유한 비즈니스 강국이라는 점을 빼놓을 수 없으며, 나아가 선진 국가들 가운데 인구 성장률이 높은 편이라는 점 등은 미국의 미래를 밝게 비춰주고 있다. 반면에 과거 역사와 비교해볼 때 현재 국민들의 대정부 신뢰가 매우 낮은 점 그리고 2020년까지 대규모의 인프라 투자가 요구되는 상황이나 대규모 가뭄 현상 등 기후 변화가 심화되고 있는 점, 마지막으로 글로벌 경쟁에서 미국 학생들이 뒤처지는 점 등은 미국의 미래에 어두운 그늘을 드리우고 있다.

미래 미국의 4대 시나리오

미국의 다양한 측면들을 시나리오 관점에서 살펴보면, 10년 후 미국은 가장 기본적으로 큰 경제적 성장을 이룰 때의 미래상과 그 반대의 모습으로 양분할 수 있고, 또 각각은 국가 차원의 계층 간, 세대 간 화합과 갈등 측면에서 다시 구분해 크게 4가지의 시나리오를 고려해볼 수 있다.(각 미래 시나리오는 상징성을 기준으로 편의상 미국 국가인 '별이 빛나는 깃발The Star Spangled Banner'의 가사 일부를 활용해 명명했다.)

가장 이상적인 미국의 10년 후 미래상은 경제적 성장과 더불어 성공적인 국가적 통합을 이룬 모습이다. 10년간 연평균 3.5%대의 성장을 달성하면서 정부와 민간의 신뢰가 회복되고 나아가 바이오, 나노, 로보틱스 등 최첨단 기술이 전 세계를 이끌어가는 모습을 기대해볼 수 있다.('찬란한 광휘So Gallantly Streaming' 시나리오) 반면, 경제적 성장과 국가적 화합에 실패할 경우 이와는 반대

미래 미국 4대 시나리오

자료: AT커니

국가적 통합

밀레니얼 세대가 그들의 사회적 가치에
따라 국가 어젠다를 재정의하는
반면에 소비는 위축되고
GDP 성장은 둔화

합의된 국가적 목표와 혁신적
기술을 기반으로 경제 및
각 분야는 지속적으로
성장·발전해나감

이른 새벽 여명

- 경제성장 둔화 및 사회적 통합
  진화
- 밀레니얼 세대의 정치·사회 주도
- 사회정의, 환경보호 등 사회적
  가치 확산
- 국방 지출 삭감 등 중도좌파적
  정책

찬란한 광휘

- 경제 번영은 물론 성공적인
  국가 통합
- 2026년 GDP 성장률 4.2%
  (10년간 평균 3.5% 성장)
- 공공·민간 부분 간 신뢰 구축
- 바이오, 나노, 로봇 등 첨단 기술
  발전 및 성장 견인

경제성장 둔화 ◀ ─────────────── ▶ **고도 경제성장**

황혼의 미광

- 미국 경제의 쇠퇴, GDP
  성장률 1.4%
- 높은 실업률 및 정부 신뢰도
  하락
- 계층·인종 간 갈등 증대로
  긴장 고조

힘겨운 전투

- 여전히 강력하지만, 사회적 분열
  심화
- GDP 성장률 3.1%
- 기술과 디지털 경제가 성장 주도
- 지역·경제 계급 간 갈등 고조

경기는 침체되고 분열·양극화된
사회 전반 속에서 미국의
국가 경쟁력은 쇠퇴해감

기술 발전을 통해 경제성장을 달성하는
반면 일자리는 줄어들고 궁극적으로
국가는 분열과 불평등 속에서
혼란을 겪음

국가적 분열

로 정부의 신뢰는 땅에 떨어지고 나아가 사회적으로 다양한 계층
과 세대 간에 갈등의 골이 깊어져 실업률은 치솟고 GDP 성장은
1%대에 머무는 상황이 된다.('황혼의 미광Twilight's Last Gleaming' 시
나리오)

경제성장은 답보 상태에 빠져도 다행히 사회적 통합은 빠른
속도로 진행되는 시나리오를 고려해볼 수 있다. 특히 이 시나리
오의 경우, 밀레니얼 세대의 급부상 속에서 사회정의나 환경보호
와 같은 사회적 가치의 확산이 두드러질 것으로 예상된다.('이른
새벽 여명Dawn's Early Light' 시나리오) 한편 경제적으로는 강한 반면
에 지역 및 경제 계급 간 갈등이 고조되거나 사회적 분열이 심화
될 수 있다.('힘겨운 전투The Perilous Fight' 시나리오) 이러한 미래상
을 구성하는 핵심적인 동인들 측면에서 인구구조, 소비성향, 정
치·정책, 기술 발전 그리고 환경·자원을 심도 있게 검토할 필요
가 있다.

먼저 인구구조 측면에서 밀레니얼 세대가 정치사회적 핵심 집
단으로 급부상할 것이며, 민족적 다양성을 기반으로 국가적 집결
을 이루는 동시에 인종, 연령, 성별 등 다양한 계층 간 갈등이 공
존하게 될 것이다. 소비 측면에서도 기성세대 대비 새로운 소비
성향과 패턴을 보이면서 빈부의 양극화는 계속 진행될 것이다.
아울러 정치·정책 측면에서는 민관 협력으로 혁신 등 산업 현대

화 및 고용 창출이 활발해지는 반면, 한편으로 지속적인 국민의 정부에 대한 신뢰 회복이 관건이 될 것이다. 기술 측면에서는 공유경제에 중점을 둘 것이고 바이오나 로보틱스 등의 기술의 진화를 통한 생산성 향상의 이면에 일자리 감소로 인한 부작용도 함께 나타날 것으로 보인다. 또한 환경과 자원 관점에서는 대체 에너지 기술에 대한 투자의 성패 여부가 궁극적으로 에너지 비용 효율화를 넘어서 거시경제에 큰 영향을 미칠 것이다.

#1 미국의 시나리오 '찬란한 광휘(So Gallantly Streaming)'
: 대통합과 경제적 번영

미국의 10년 후 미래 시나리오 가운데 가장 이상적인 모습으로 민족적 다양성을 기반으로 국가적 집결에 성공하는 동시에 정책 측면에서 민관 협력으로 산업 현대화와 혁신 등을 통해 고용 창출이 극대화되는 미래상이다. 이 시나리오의 경우, 밀레니얼 세대가 지속적 가계소비 촉진을 통해 미국의 전반적인 경제성장을 견인하고 기술적인 면에서 고도의 생산성 향상을 실현하면서 바이오 및 나노, 로보틱스 등 기술 영역에서 지속적인 진화를 일구어낸다. 특히 환경·자원 측면에서 대체 에너지 기술에 대한 투자를 통해 장기적으로 에너지 비용 효율화를 달성하고 이는 순환적으로 경제 발전에 기여하게 된다. 또한 수출경기의 호황으로 미국 수출이 증가하는 등 전반적으로 "미국을 다시 위대하게 만들자(Make America Great Again)."는 트럼프의 슬로건이 실현된다.

#2 미국의 시나리오 '힘겨운 전투(The Perilous Fight)'
: 경제성장 속에서 분열

경제적으로는 많은 발전을 이루지만 사회적 분열이 가중되는 시나리오이다. 먼저 인구구조 측면에서 첨단 기술이 점차 일자리를 대체함에 따라 인구 규모나 증가율에 따른 부담이 심화된다. 그리고 정치의 양극화가 지속되고 나아가 기업들의 단기 이익 추구 경향이 심화된다. 소비 측면의 경우, 소수 부유층과 다수 서민 계층의 양극화가 심화되고 기술의 진화로 인한 일자리 감소 및 실업률이 폭등하게 된다. 환경 측면에서는 낮은 국내 에너지 가격으로 해외 투자를 끌어들여 시장을 활성화시키고, 다수 해외 기업들에게 미국은 여전히 매력적인 생산 거점이지만 미국 기업은 점차 국제 경쟁력을 상실하고 투자자들은 테크놀로지 섹터에 치중하게 된다.

#3 미국의 시나리오 '이른 새벽 여명 (Dawn's Early Light)'
: 새로운 세대 등장과 소비 위축 및 경제 둔화

이 시나리오는 앞선 '힘겨운 전투'의 반대 시나리오로서 경제는 침체에 빠지는 반면 다행히 사회적 통합은 진전을 보이는 시나리오이다. 이 경우, 밀레니얼 세대가 미국 내 가장 핵심 계층으로서 정치 및 사회적 영향력을 행사하고 나아가 그 세대가 중시하는 사회정의, 환경보호 등의 가치에 집중하게 된다. 그리고 소비 측면에서는 기성세대와 비교할 때, 훨씬 덜 소비하면서 상이한 성향과 패턴을 보인다. 아울러 밀레니얼 세대 주도하에 무료 콘텐츠와 공유경제에 초점을 두게 되고, 기후 변화에 대한 적극적인

미래 미국 4대 시나리오에 대한 핵심 동인별 분석		
	찬란한 광휘	**힘겨운 전투**
인구	민족적 다양성을 기반으로 국가적 결집에 성공	첨단 기술이 점차 일자리를 대체함에 따라 인구 규모나 증가율에 따른 부담 심화
정치·정책	민관 협력으로 산업 현대화와 혁신 등을 통해 일자리 창출	정치의 양극화 지속 및 기업들의 단기 이익 추구 경향 심화
소비	밀레니얼 세대는 지속적 가계 소비 촉진을 통해 미국 경제성장을 견인	소수 부유층과 다수 서민 계층의 양극화
기술	전반적인 생산성 향상과 고도 기술, 바이오 및 나노, 로보틱스 등의 기술 영역에서 전면적인 진화	기술 진화로 인한 일자리 감소 및 실업률 증가
환경·자원	대체 에너지 기술에 대한 투자를 통해 장기적으로 에너지 비용 효율화 및 경제 발전에 기여	낮은 국내 에너지 가격은 해외 투자를 끌어들여 시장 활성화
글로벌화	수출 경기의 호황 및 미국 수출의 증가	다수 해외 기업들에게 미국은 매력적인 생산 거점이지만, 미국 기업은 점차 국제 경쟁력을 상실하고, 투자자들은 테크놀로지 섹터에 치중

대응 차원에서 탄소세를 제정한다. 아울러 미국 시장의 둔화는 수출 주도의 세계 경제에 큰 타격을 준다.

#4 미국의 시나리오 '황혼의 미광(Twilight's Last Gleaming)'

: 경기 침체와 사회적 양극화

최악의 미국 시나리오는 정부의 신뢰가 땅에 떨어지고 나아가 사회적으로 다양한 계층과 세대 간에 갈등의 골이 깊어져

자료: AT커니

이른 새벽 여명	황혼의 미광
밀레니얼 세대가 미국 내 가장 핵심 집단으로서 정치·사회적 영향력 행사	인종·연령·성별 등 다양성이 심화되어 사회적 긴장 고조
밀레니얼 세대가 중시하는 사회정의·환경보호 등의 가치에 집중	국민의 정부와 기관에 대한 지지 및 신뢰 하락
밀레니얼 세대는 기성세대 대비 덜 소비하며 상이한 성향과 패턴을 보임	서브프라임 사태처럼 가계부채 문제가 대두되고 대부분의 국민들은 생활고에 시달림
밀레니얼 세대 주도하에 기술은 무료 콘텐츠와 공유경제에 더욱 중점을 둠	기술 발전으로 인한 사회적 다원성 심화 및 부작용 발생
기후 변화에 대한 공격적 대응을 위한 탄소세 제정	경제 위기에 직면하고 환경 및 에너지 관련 문제 악화 및 기관에 대한 신뢰 상실
미국 시장의 둔화는 수출 주도의 세계 경제에 타격	미국의 글로벌 경쟁력은 최악으로 치닫고 국내 문제에 집중하면서 점차 국제 무대에서 영향력 상실함

실업률은 치솟고 GDP 성장은 1%대에 머무는 상황이다. 특히 인종 및 연령과 성별 등 다양성이 심화되면서 사회적 갈등과 긴장이 고조되고 국민의 정부와 기관에 대한 지지도 및 신뢰만 하락하는 것을 넘어 서브프라임 사태처럼 가계부채 문제가 사회적으로 대두되고 대부분의 국민들이 생활고에 시달리게 된다. 환경 및 에너지 관련하여 정부 및 각 기관들에 대한 신뢰도 하락과 함께 심각한 환경 문제가 불거지게 될 것이다.

번영을 위한 3가지 관점
: 새로운 접근과 시도

한반도 그리고 남과 북 3가지 유기적 관점

앞서 밝힌 바와 같이 '모자이크 코리아' 팀은 기존의 시나리오 플래닝의 접근법에서 한반도의 남북 간 분단 상황을 고려해 기존 시나리오 플래닝을 응용, 새로운 방법을 고안하려고 노력했다. 즉, 시나리오의 대상을 크게 3개로, 즉 남한, 북한 그리고 한반도로 구분했다. 즉 한반도와 남·북이라는 이중 렌즈를 통해 이 땅의 미래를 통찰함으로써 보다 입체적인 시나리오를 개발하고 완결성을 높이고자 노력했다.

먼저 남북한 출신의 다양한 전문가들이 모여 별도의 팀을 구성, 남한·북한에 대한 시나리오를 각각 개발하고, 이후 남한과 북한에 대해 도출된 각 4개의 개별적 시나리오 간 '4×4 조합'에 의한 16개의 시나리오를 도출하였다. 이를 다시 한반도의 관점에서 재검토함으로써 4개의 한반도 시나리오를 도출하였으며, 독립변수로서의 남한과 북한이 아니라 한반도라는 울타리 내에서 예상 가능한 상호작용과 그로 인한 임팩트를 충분히 반영할수 있도록 노력했다. 이는 한반도라는 단일 시각과 남북한 각각의 개별 시각이 유기적으로 절충되어 가장 합리적이고 현실적인 미래 시나리오가 도출될 수 있도록 접근한 것으로서 분단 상황의 남과 북 그리고 한반도에 가장 합리적인 접근법이라고 믿는다.

다양한 전문가의 집단 지성을 통한 대장정

시나리오 플래닝을 수행함에 있어서 인원 규모에 대한 제한은 들어본 적이 없다. 또한 시나리오 플래닝 완수를 위해 소요되는 기간에 대한 가이드 또한 본 적이 없다. 대부분 기업의 경우는 소수 인원으로 팀을 구성, 1~2개월 동안 리서치와 분석이 진행되는 게 보통이다. 하지만 이번 프로젝트의 경우와 같이 23명의 다양한 분야의 전문가들이 1년여의 기간 동안 수차례에 걸쳐 모이며 워크숍과 세션 그리고 방대한 토론의 과정을 거쳐 그야말로 집단 지성의 결과물을 뽑아낸 것은 시나리오 플래닝이라는 영역에서 매우 이례적인 사례가 될 것이다. 물론 대장정을 마칠 수 있었던 에너지의 원동력은 '통일'에 대한 한 사람 한 사람의 뜨거운 염원이었다.

한편 이번 프로젝트에는 시나리오 플래닝의 본원적 방법론의 관점에서 볼 때, 여러 제약으로 담지 못한 내용도 있다. 즉, 이 책의 종착점인 시나리오 도출에서 그치는 것이 아니라, 한반도 관점에서의 단기, 중장기 과제를 찾고 전략을 도출, 수립할 수 있을 것이다. 또한 이를 모니터링하기 위한 사인 포스트 도출이나 미래 예측되는 다양한 위험들 그리고 그에 대한 측정 방안 등을 추가적으로 고려할 수 있을 것이다. 하지만 이러한 숙제들은 현 정부를 포함해, 정치·경제·사회 등 해당 분야에 종사하는 각계각층의 지도자들의 몫이기도 하므로, 기쁜 마음으로 남겨두고자 한다.

시나리오
남한

2029 대한민국,
성장인가 답보인가, 통합인가 분열인가

2029, 성장인가 답보인가

2019년 남한은 격동의 시간을 맞이하고 있다. 순간의 선택으로 꿈같은 상황이 찾아올 수도 있고, 파멸의 길로 갈 수도 있는 절체절명의 시간을 살고 있다. 하루하루 전쟁 같은 일상을 치루는 사람들이 진짜 전쟁을 걱정해야 한다. 2018년 1월에는 전쟁의 위협을 느끼다가 평창 올림픽을 계기로 믿기지 않는 평화적 대화 모드로 급변하더니, 이내 4월 말 11년 만에 남북 정상회담이 성사되었다. 내외적인 상황과 맞물려 대한민국은 어디로 튈지 모르는 럭비공이 된 느낌이다.

우리는 혼돈스러운 한반도의 운명을 예측하기 위해 시나리오 플래닝 기법을 도입했지만 대내외적인 상황과 변수들이 녹록치 않음을 절감한다. 정치적으로는 지방선거의 후폭풍이 몰아치고 있고, 경제적으로는 한두 달 만에 몇 억씩 오르는 아파트 가격 급등, 매달 최저치를 갱신하고 있는 실업률 그리고 최저임금과 청년 실업, 산업 구조 변화 등 실마리를 찾기 어려운 난국으로 빠져들었다. 사회는 더 복잡하다. 지역 갈등을 제대로 해결하지도 못한 채 계층, 세대, 성별 간 갈등으로 분열은 더 가속화되어 각자도생의 길을 걸어가고 있고, 속수무책으로 인구 절벽의 현실에까지 떠밀리고 있는 상황이다. 인공지능으로 상징되는 4차 산업혁명 앞에서 누가 살아남을 수 있을지 고민하게 하는 기술 그리고 한반도 지진 가능성과 잦아진 폭염과 가뭄 등 점점 더 위협이 되고 있는 자연환경과 불완전한 대응 태세 등 그 어느 하나 녹록한 분야가 없다.

이러한 맥락에서 시나리오 플래닝을 위한 정치, 경제, 사회, 기술, 환경의 5가지 핵심 동인을 고려할 때, 10년 후 남한의 미래를 예측하는 것은 매우 복잡하고 어려운 문제이다. 이에 더해 남한의 미래 예측을 더 복잡한 숙제로 만드는 건 미래 시나리오 향방에 영향을 미칠 수 있는 주변 국가들이다.

돌이켜보면 2~3년 전까지 미국의 새로운 대통령으로 트럼프가 당선될 것을, 영국이 EU에서 탈퇴하는 정책을 국민투표로 결정할 것을, 중국의 경제성장률이 6%대로 내려앉을 것을 누가 예측하였겠는가? 하지만 이러한 현상들의 이면에는 분명한 동인이 있었고, 복잡한 동인이 상호작용을 하면서 필연적인 결과로 만들어졌음을 이해해야 한다. 뉴 노멀(New Normal)◎ 시대로 진입하면서 확대된 자국 중심의 성장 논리는 미국과 영국의 오늘을 만들었고, 중국의 고성장을 담보했던 경쟁력과 글로벌 공장으로서의 입지는 점점 약화되면서 중국의 오늘을 불러왔다. 이러한 동인들은 글로벌 환경을 둘러싼 구조적 특성에 따른 당연한 귀결점을 향해 움직였을 수도 있고, 혹은 오랫동안 지속적으로 신호를 보내고 있었다고 볼 수도 있다.

물론 10년 후 남한 사회는 매우 다양한 동인들의 복합적 작용에 의해 결정될 것이다. 하지만 분석의 효용과 우리에게 이미 익숙한 틀을 들이대면 결국 정치·외교, 경제, 사회, 기술, 환경 등 5대 동인들이 상대적으로 높은 비중을 차지한다는 것을 알 수 있다. 또 이들 5가지 동인이 독립적일 뿐 아니라 서로 밀접히 연결

◎ 핌코의 최고경영자 모하메드 엘 에리언(Mohamed El Erian)이 저서 《새로운 부의 탄생》에서 처음 사용하면서 널리 알려진 용어로, 시대적 변화에 따라 새롭게 부상하는 표준을 이르는 말이다. 대공황 이후 정부 역할 증대, 1980년대 이후 규제 완화, 2008년 글로벌 경제 위기 이후 규제 강화, ICT기술 발달이 초래한 금융 혁신 등이 대표적인 뉴 노멀의 등장으로 꼽힌다.

되어 한국의 미래를 만들어 나아갈 것이다. 이 책에서 도입한 시나리오 플래닝에서는 이와 같은 주요 동인들과 각 동인들이 주고받는 상호관계들을 분석하고 이를 바탕으로 4대 시나리오를 구분 짓는 양대 축을 도출해낸다.

10년 후 남한 시나리오를 결정하는 양대 축은 과연 무엇일까? 한 국가의 미래를 논의하기 위해서는 경제를 빼놓을 수 없다. 첫 번째 축으로서 경제성장의 지속성 또는 경제적 번영을 포함하는 '경제적 성과'를 고려해야 한다. 일반적으로 국가의 상황을 설명할 때 경제적 성과는 당연히 중요한 요소겠지만, 한국의 경우 경제적 성과가 갖는 의미는 더욱 각별하다. 현재 한국의 글로벌 위상을 결정하는 데 가장 큰 영향을 미친 측면이, '한강의 기적'이라고 일컫는 경제성장에 기인하기 때문이다. 또한 외교 안보적으로도 한국의 경제적 우위가 갖는 레버리지 효과는 우리 외교에 가장 큰 무기가 되곤 한다.

이러한 경제적 성과에 가장 큰 영향을 주는 요소는 거시적으로 볼 때, 내수 시장의 활성화와 수출 경쟁력 수준이다. 인구 1억 미만의 국가에서 내수 시장의 의미가 상대적으로 약한 것은 사실이지만, 내수 시장이 어느 정도 활성화되어야 글로벌 진출을 위한 최소한의 기반 확보가 가능한 점을 부인하기도 어렵다. 예컨대 미국 실리콘밸리에서 지금도 쏟아지고 있는 스타트업들과 그들을 지원하는 투자 생태계는 미국 내수 시장의 규모에 의지하는 측면이 크다. 즉 실패도 성공도 시장이 있어야 가능한 법이다. 그러나 유감스럽게도 한국은 특히 자영업 또는 1인 사업장 중심의 내수 환경, 서비스업의 낮은 부가가치 등, 내수 시장의 양적·질적 측면의 개선 필요성이 아직 많다. 따라서 현재와 같은 내수 시장 규모와 구조가 계속되면 경제적 성과로의 연결은 더욱 어려워지게 된다.

내수 시장과 더불어 수출 경쟁력은 경제적 성과에 영향을 미치는 또 하나의 중요한 요소이다. 저렴한 가격과 적당한 품질로 지켜왔던 기존 경쟁력은 더 이상 유효하지 않다. 중국뿐 아니라, 이제는 저성장 국면에 진입한 일본과도 환율의 등락에 따라 가격 경쟁을 해야 하기 때문이다. 중국과 비교해 품질에서 확보했던 경쟁 우위도 이제는 대부분 사라졌다. 반면 독일, 미국, 일본에 뒤처진 원천 기술의 격차는 쉽사리 좁혀지지 않고 있다. 그래도 스마트폰, 자동차, 화장품 등에서 글로벌 경쟁을 하는 선도 기업들을 현 시점에서 보유한 것은 고무적이라 할 수 있다. 철강, 화학, 건설, 중공업, 소비재 등 타 산업에서 얼마만큼 많은 글로벌 스타 플레이어를 배출할 가능성이 있느냐 하는 문제는 향후 수출 경쟁력과 경제적 성과를 좌우하는 잣대라 하겠다.

이와 함께 전 세계적으로 급속한 속도로 확산되고 있는 4차 산업혁명은 경제에 직접적인 영향을 미칠 중대 변수로 떠오르고 있다. 인공지능, 사물인터넷, 로봇 등에 의한 기술 융합이 현실화되고, 제조업을 중심으로 스마트 팩토리 등 '인더스트리 4.0'으로의 진화가 시작되고 있다. 만약 한국 기업들이 제조업에서의 혁신을 이뤄낸다면, 수출 경쟁력을 넘어서 글로벌 기업으로의 변신을 가속화하는 중요한 모멘텀이 될 것이다. 역설적으로 4차 산업혁명 시대에 제조업의 혁신은 고용을 대체할 위험이 있고, 내수의 성장에는 오히려 마이너스가 될 수 있다. 이를 보완하기 위해서는 유통, 물류 또는 콘텐츠 산업의 혁신 등이 병행되어 내수 시장의 구조를 바꾸고 규모를 키우는 움직임이 동시에 진행되어야 한다.

10년 후 한국의 경제적 성과 양극단을 예측하면 '성장 재점화'와 '성장 절벽'이 존재할 것이다. 침체되어 있는 수출산업들이 부활하고 산업혁명과 근대화라는 기회를 놓친 뼈아픈 과거를 교훈 삼아 4차 산업혁명의 물결에 잘 적응하여 제2의 한강의 기적을 재현하는 '성장 재점화'로 가든지, 아니면 인구 절벽, 소비 절벽에 이은 '성장 절벽'으로 내몰리든지, 결국 이 두 방향을 향해 한국 경제는 나아갈 것이다.

그렇다면 한반도의 자연환경은 어떤 변화를 만들어낼 것인가?
그동안 환경은 경제 및 산업의 성장 동력 차원에서 자원으로서의
개념이 컸다. 그로 인하여 환경이 더 파괴될수록 경제와 산업은
더 성장할 수 있다는 법칙이 통용되어왔다. 하지만 오늘날 환경
과 경제의 상관관계는 역방향에서 상생의 방향으로 전환하고 있
다. 이의 필요성은 인간의 무분별한 환경 자원의 사용으로 인해
돌이킬 수 없는(또는 회복 불가능한 상태의) 불모지들이 증가되고 있
는 상황이나, 그 이상 징후 중 가장 대표적인 현상인 기후 변화에
서도 엿볼 수 있다.

지구상에서 함께 살아가기 위해 환경에 대한 개념이 일회적이
고, 지엽적으로 이용 가능한 것이 아닌 함께 지속 가능하도록 협
력해야 하는 것이라는 개념으로 인식되고 있다. 이에 따라 사람
들은 보다 나은 환경(깨끗한 공기, 맑은 물, 오염되지 않는 토지 등)에
서 살고 싶어 하는 욕망이 점점 더 커져가고 있다. 이와 더불어
상생할 수 있는 환경 관련 산업(신재생에너지: 태양광, 수력, 풍력, 지
열, 바이오, 재활용산업, 자연관광산업 등) 및 에너지 (또는 노동) 절약
4차 산업 기술들도 나날이 발전해가면서, 그야말로 환경은 미래
산업의 핵심 키워드가 되고 있다. 그렇다면 한국을 위한 최고의
시나리오상에서 환경이라는 동인은 한반도에 어떤 영향을 미칠
수 있을까? 결론부터 말하자면 환경은 남과 북의 상생 협력을 이

끌 혁신 산업으로서 자리매김하게 될 것이다.

　한국의 미래 시나리오를 결정하는 또 다른 중요한 축은 '사회적 통합'의 여부이다. 앞서 10년 후 미국의 시나리오에서 국가적 통합이 다인종 국가, 연방 국가로서의 갈등 상황과 해결 과정의 맥락에서 다루어진 바 있다. 한국의 경우는 최근 불거지고 있는 기성세대와 젊은 세대 간의 갈등, 공공 부문과 민간 부문 간의 신뢰 및 협력에 대한 의문, 진보와 보수의 충돌 그리고 부유층과 중산층 이하 계층 간의 갈등이 어떠한 방향으로 전개될 것인가가 미래 변화를 만들어낼 중요한 축이 될 것으로 보인다. 또 최근 미투(me too) 현상이 우리 사회를 뒤집어놓은 것처럼 성별 갈등에 어떻게 대응하느냐에 따라 10년 뒤 남한의 모습이 결정될 것이다. 결국 사회적 '통합'이냐, 아니면 '분열'이냐라는 양극단의 방향으로 조망할 수 있지 않을까.

　사회적 통합 여부에 영향을 미치는 첫 번째 동인은 사회적 합의 시스템과 사회적 주도권의 향방이다. 사회적 합의 시스템은 사회가 어떠한 결정 기준에 의해 어떠한 과정을 거쳐서 합의를 도출하는지를 의미한다. 촛불시위를 통해 폭력을 동원하지 않은 국민의 힘으로 정권을 교체한 경험은 새로운 사회적 합의 시스템이 형성될 수 있는 가능성을 보여준다. 이는 상충되는 이해관계의 조절을 근본적 업으로 하는 정치영역뿐만 아니라 시민 한 명한 명이 일상의 이해충돌 상황을 합리적으로 조율하는 시스템이 만들어질 것을 기대하게 한다. 10년 후 남한의 모습은 시민들이 새로운 사회적 합의 시스템을 운영할 역량을 갖추게 될 것인가에 따라 결정될 것이다.

헌법과 광장이 공존하고, 대중의 정치적 관심하에 합리성과 투명성을 담보하는 새로운 시스템이 만들어질 것인지, 아니면 시스템화에 이르지 못하고 갈등의 직접적 표출이 매번 불가피한 상황으로 남을 것인지는 대내적인 의미뿐만 아니라 대외적으로도 중요하다. 이는 미래 글로벌 무대에서 한국의 외교적 입장과 역할을 명확하게 하는 기반이 될 수 있기 때문이다.

사회적 주도권의 향방 또한 사회적 통합 여부를 결정하는 중요한 동인이다. 주도권이 누군가에게 넘어갈 것인가가 아니라, 다양한 집단과 계층의 목소리가 균형 있게 채택될 수 있는가, 아니면 상당한 기득권을 보유한 현재의 사회적 주도권이 유지되고 이로 인한 갈등이 지속될 것인가 하는 점을 주목해야 한다. 결국은 상대적으로 소외되었거나 소외되었다고 느꼈을 젊은 세대, 여성, 노인, 중산층과 서민, 중소기업, 자영업자 및 서비스업 종사자 등의 사회적 발언권이 지금보다 향상되고 개선될 것이냐의 여부가 중요한 동인이 될 것이다.

남한이 직면할 4가지 상황

경제적 성과와 사회적 통합 여부를 두 축으로 한국의 미래는 4가지 시나리오로 예측할 수 있다. 참고로 각각의 시나리오에 대한 이해와 편의를 위해 역대 한국 영화 가운데 높은 흥행을 기록한 작품들의 이름과 이미지를 활용했다. 높은 경제적 번영과 국가적 통합의 모습은 '명량'으로, 경제성장은 둔화하나 안정적 사회에 진입하는 모습은 '국제시장'으로, 새로운 경제성장의 모멘텀을 확보하나 사회적 갈등 요소가 내재된 모습은 '내부자들'로, 그리고 경기 침체 및 역성장하에 사회적 갈등 및 충돌이 지속되는 모습은 '곡성'으로 구분하고자 한다.

10년 후 남한의 4대 시나리오

자료: AT커니

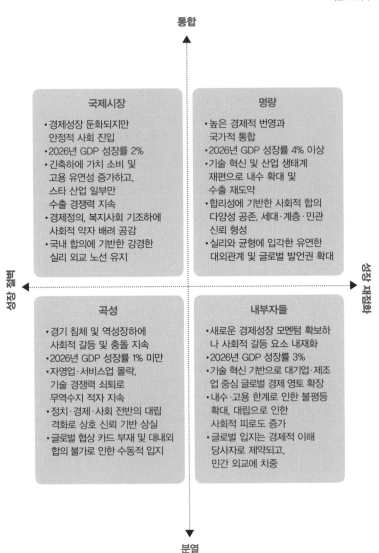

통합

국제시장

- 경제성장 둔화되지만 안정적 사회 진입
- 2026년 GDP 성장률 2%
- 긴축하에 가치 소비 및 고용 유연성 증가하고, 스타 산업 일부만 수출 경쟁력 지속
- 경제정의, 복지사회 기조하에 사회적 약자 배려 공감
- 국내 합의에 기반한 강경한 실리 외교 노선 유지

명량

- 높은 경제적 번영과 국가적 통합
- 2026년 GDP 성장률 4% 이상
- 기술 혁신 및 산업 생태계 재편으로 내수 확대 및 수출 재도약
- 합리성에 기반한 사회적 합의 다양성 공존, 세대·계층·민관 신뢰 형성
- 실리와 균형에 입각한 유연한 대외관계 및 글로벌 발언권 확대

성장 양극화

성장 재점화

곡성

- 경기 침체 및 역성장하에 사회적 갈등 및 충돌 지속
- 2026년 GDP 성장률 1% 미만
- 자영업·서비스업 몰락, 기술 경쟁력 쇠퇴로 무역수지 적자 지속
- 정치·경제·사회 전반의 대립 격화로 상호 신뢰 기반 상실
- 글로벌 협상 카드 부재 및 대내외 합의 불가로 인한 수동적 입지

내부자들

- 새로운 경제성장 모멘텀 확보하나 사회적 갈등 요소 내재화
- 2026년 GDP 성장률 3%
- 기술 혁신 기반으로 대기업·제조업 중심 글로벌 경제 영토 확장
- 내수·고용 한계로 인한 불평등 확대, 대립으로 인한 사회적 피로도 증가
- 글로벌 입지는 경제적 이해 당사자로 제약되고, 민간 외교에 치중

분열

시나리오 #1 '명량'

: 위대한 번영

- 높은 경제적 번영과 국가적 통합
- 2026년 GDP 성장률 4% 이상
- 기술 혁신 및 산업 생태계 재편으로 내수 확대 및 수출 재도약
- 합리성에 기반한 사회적 합의 다양성 공존, 세대·계층·민관 신뢰 형성
- 실리와 균형에 입각한 유연한 대외관계 및 글로벌 발언권 확대

첫 번째 시나리오 '명량'은 우리에게 가장 이상적인 시나리오로서 사회 전체와 구성원 각자가 더 잘살고 같이 잘사는 사회를 의미한다. 정치적으로도 갈등과 파괴에서 타협과 조화의 방향으로 전환되고 사회의 다양한 목소리와 갈등이 합리적이고 효율적인 정치제도 속에서 타협된다. 진보와 보수의 양대 틀은 계속 존재하나 저급한 정치 현실에서 벗어나 보다 품격 있고 합리적인 견제와 타협의 정치를 구현하게 된다. 또한 정치와 국민 정서 간에 존재하는 심각한 괴리감도 상당 부분 좁혀지고 간접 민주주의의 약점을 보완해가면서 국민의 민의가 정치 현장에 실시간 적극적으로 전달된다. 따라서 국민들의 정치에 대한 혐오도 대체로 해결되어 민주주의 본연의 모습도 되살아난다.

외교적 시나리오도 장밋빛이다. 한반도의 전쟁 위험이 현저히 낮아져서 더 이상 코리아 리스크는 존재하지 않는다. 미국과 중국의 양 진영에 끼여 있던 남한이 한반도의 진정한 주인으로 운전석

을 차지하고 일본과 러시아, 인도, 중앙아시아 등과의 다양한 외교 협력을 통해 글로벌 어젠다에도 적극적인 목소리로 높은 지분을 차지한다. 역사적으로 보면 고려 예종시대(1105~1122)와 비슷하다. 고려는 요나라와 송나라 사이에서 균형을 잡고 동북아 국제질서의 운전자 역할을 해냈다. 이 시기 송나라는 고려 사신을 국신사(國信 使)로 승격해 주변국 중 가장 높은 직위로 인정하기도 했다.

경제적으로 보면 연간 4% 이상의 경제성장률과 기업의 기술 혁신이 확산되면서 경쟁력 향상을 위한 산업 구조 조정이 활발해지고, 사회적 불균형 해소를 위한 적극적 정책이 펼쳐진다. 소비의 양적 성장과 질적인 다양화로 내수 시장이 성공적으로 활성화되며 이에 따라 오늘날 가장 큰 문제인 청년 일자리 문제는 저출산 현상과 맞물려 자연스럽게 해결되어간다. 오히려 지금의 일본과 같이 일자리를 채울 인력이 부족하여 외국 노동자들을 유인하는 것이 경제사회 정책의 주요 이슈가 된다. 또한 내수 시장에서의 실험과 정책적 지원에 힘입어, 4차 산업혁명의 주요 기술 중 일부 영역에서는 글로벌 리더십을 확보한다. 경제적 성과로 인해 환경과 에너지에 대한 투자 여력이 생기고, 글로벌 환경 어젠다에도 적극적으로 참여하는 모습을 보이게 된다. 남한은 경제적 입지와 사회적 합의를 바탕으로 국제사회에서 실리에 입각한 균형 잡힌 모습을 보인다.

'명량'이 현실이 된 10년 후 남한은 세대 간, 계층 간 성별 간 갈등이 지금보다 훨씬 극복되어 상호간의 양보와 배려가 이뤄지는 모습이다. '금수저', '흙수저'와 '헬조선'으로 상징되었던 계층 간 갈등은 기득권층의 전향적인 나눔과 계층 이동 사다리의 회복을 통해 기적적으로 극복된다. 기적적이라는 건 기득권층의 희생을 아무도 예측하지 못했다는 얘기다. 2019년 현재의 관점에서는 참 꿈같은 시나리오다. 비록 피할 수 없었던 인구 절벽이 현실이 되었지만 성장하는 경제가 복지 비용을 감당할 여력을 제공하고 실버 산업으로 인해 다양한 산업과 일자리들이 창출된다. 청년들과 기성세대 간에 상생하는 경험들이 쌓이게 되고, 현재의 세대 갈등을 상당히 극복하게 된다.

'명량'의 시나리오에서 남한은 기술 강국으로 부상한다. 세계의 모든 나라들을 지배자와 피지배자로 나눈 상업혁명과 산업혁명 그리고 동아시아의 역학관계를 재편한 근대화에서 모두 실패했던 남한은 과거의 아픈 경험을 교훈 삼아 4차 산업혁명의 변화를 적극적이고 빠르게 받아들여 동아시아와 세계의 새로운 신흥 선진국으로 도약한다. 인공지능, 바이오산업, 정보통신 분야 등 막대한 잠재력을 가진 신산업 분야에서 막강한 경쟁력을 지니게 되며, 남과 북 각 분야의 경쟁력 있는 기술 교류가 활발해지고 이에 따른 한반도 학술협력 프로토콜 체계가 만들어진다. 현재와 같은 갈등과 대치 상황이 대화와 협력의 상황이 된 '명량'의 한반도에서는 북한이 보유한 특정 분야의 기술들(정보통신, 화학, 인공지능, 항공우주 등)과 남한의 '산업형' 응용기술이 융합되어 남한과 북한의 기업들에 커다란 수출 경쟁력을 가져다준다.

환경과 자원은 어떤 모습을 보일까? 남과 북이 서로 상생하는 관계에서 한반도의 환경은 그동안 국가위험 요소였던 지정학적 한계를 넘어, 동북아 평화를 이끌 생태 지리학적 가치 및 유고한 지리 역사적 가치들에 대한 관심이 고조되고 재해석되면서 전 세계의 주목을 받는다. 남과 북은 자원 개발교류를 활발히 이룰 국내외적 통로를 만들어 유라시아 대륙을 연결하는 시대가 열리게 된다.

남한의 민관합동 TF팀이 북한 지역 석유탐사에 성공했다는 소식은 국내를 넘어 전 세계적으로 초유의 관심을 불러일으킨다. 석유가 매장된 지역은 신포시 남쪽에 위치한 마양도에서 북서쪽 방향으로 약 33km 정도 떨어진 지점. 10년 전부터 북한의 석유 매장량은 세계 10위권 수준이라는 추측된 기사(광물자원연구소 리포트)가 있었지만 이번 탐사는 10년 만의 쾌거이자 남북한의 경제 교류가 새로운 국면을 맞이한 지 5년 만에 이뤄낸 성과라는 점에서 남다른 의미를 지닌다. 남한은 경제적 호황기를 바탕으로 북한의 개방을 적극적으로 유도했고 2019년을 기점으로 북한의 비핵화가 의미 있는 결실을 맺으며 미국과 국제사회의 제재가 풀리기 시작한다. 이를 계기로 북한의 시장이 열리게 되고, 진정한 의미에서 남북의 경제 교류가 시작된다.

북한 자원 개발은 남한 측에서 가장 적극적으로 구애를 보낸 영역이기도 하다. 북한은 석유뿐만 아니라 희토류, 텅스텐, 티타늄, 마그네사이트, 흑연 등의 고부가가치 자원을 보유

> 1970년대 영국 북해 유전 개발이 좋은 예다. 당시 영국 경제는 최악이었으나, 1975년부터 스코틀랜드 동해안 앞바다에서 원유를 생산하기 시작하면서 상황이 바뀌었다. 미국 자본을 투자받아 스코틀랜드와 잉글랜드가 공동 탐사하는 방식으로 경제 재도약의 발판이 되었다.(남북한 공동 탐사+해외 자본 유치)

하고 있기에 남한에 있어서는 굉장히 매력적인 자원 공급처이다. 여기서 또 한 가지 주목할 사실은 모든 자원 개발이 친환경적으로 이뤄졌다는 점이다. 이제 지속 가능한 환경은 선택이 아니라 필수가 된 시대에 살고 있다. 이에 남한의 첨단 환경기술이 북한 산업 전반에 적극적으로 도입되었고 남북한은 이미 환경 협력 프로토콜을 완벽히 구축하여 남북한의 환경사고나 자연재해에 실시간으로 협력할 수 있게끔 핫라인이 가동된다.

시나리오 #2 '국제시장'
: 경제적 정체, 그러나 통합된 사회

- 경제성장 둔화되지만 안정적 사회 진입
- 2026년 GDP 성장률 2%
- 긴축하에 가치 소비 및 고용 유연성 증가하고, 스타 산업 일부만 수출 경쟁력 지속
- 경제정의, 복지사회 기조하에 사회적 약자 배려 공감
- 국내 합의에 기반한 강경한 실리 외교 노선 유지

두 번째 '국제시장' 시나리오는 한국이 사회적 통합에 기반한 안정적 사회로 진입했지만 경제적으로는 다음 단계로의 도약에 미치지 못한, 즉 절반의 성공 혹은 절반의 실패 시나리오다.

먼저 정치적 측면을 살펴보자. 사회적으로 공평과 정의에 대한 국민적 요구가 충분히 수렴 및 반영될 뿐 아니라 정치적으로 사회적 적폐들에 대한 대대적인 청산 작업이 벌어지고 상당한 성과를 거두게 된다. 사회적 정의를 바로 세우는 작업들에 대한 정치적·사회적 공감대도 형성된다. 또한 다양한 계층 이동의 사다리가 다시 건강하게 작동된다. '금수저'나 '흙수저'로 상징되었던 계층의 고착화를 완화시키는 데 성공해 능력과 실력에 따라 사회적 이동이 가능하다는 인식이 확산된다. '헬조선'으로 상징되던 비관적인 분위기는 '국제시장'에서 보여주었던 공동체성의 회복을 통해 시민들 사이에 대한민국이 그래도 살 만한 사회라는 인식이 새롭게 자리하게 된다.

하지만 경제성장률은 2%대로 오늘날 주요 경제 예측 기관들

에서 전망하는 향후 10년간 연평균 성장률 수준을 보인다. 이미 국민소득 3만 달러 시대로 접어들었지만 새로운 성장 동력의 부재로 현상 유지 혹은 정체의 분위기가 사회를 지배하게 된다. 마윈과 일론 머스크, 정주영과 이병철 같은 새로운 슈퍼스타 기업인들은 더 이상 출현하지 않고 반도체, 자동차, 석유화학, 조선 등 기존의 산업들도 국제 경쟁력 유지에 힘이 부친다. 소비 측면에서는 저성장에 대한 적응으로 가치 소비가 확대되고, 저축 등 미래를 위한 유보가 늘어난다. 경쟁력이 있는 전자, 자동차 산업 등에서의 혁신은 지속되지만 타 산업의 경쟁력은 답보 상태에 머문다.

성장 중심의 개발로 인해 상대적으로 유보되었던 삶의 질이라는 화두가 전 국민적 관심사로 떠오른다. 이러한 시대적 요구에 부합해 정책은 사회적 정의, 복지, 노동의 가치 향상, 사회적 통합 등 질적 성장을 도모하는 방향을 추구한다. 하지만 지속적인 성장에 익숙해 있던 한국 국민에게 지속적인 성장 정체 현상은 익숙하지 않다. 또 다른 성장 동력을 찾기 위해 노력하지만 4차 산업혁명에 따른 기술의 변화(로봇의 등장, 빅데이터 활용, 사물인터넷, 블록체인 등)는 노동시장의 양질 변화를 요구한다. 이에 따라 사람들의 사고 역시 지정학적 발전보다 개인 자아의 발전과 국제 시민으로서의 정체성을 형성하는 데 보다 높은 가치를 둔다. 즉 개인의 목소리가 높아지고, 정책에 반영될 언로 역시 발전한다. 효율적 성장보다 제대로 된 성장을 원하는 사람들이 소셜 네트워크와 개인 미디어를 통해 환경 문제에 더 적극적인 목소리를 낸다. 한국의 '국제시장' 시나리오에서는 다양한 국민의 소리가 수면 위로 올라오면서 갈등이 일어나지만, 사회 전반적인 분위기는 다양한 목소리를 포용하고자 하는 쪽으로 흘러간다.

'국제시장' 시나리오에서 환경은 남과 북 모두에서 사회적 통합을 유도하는 중심적인 어젠다가 될 가능성이 높다. 성장 동력을 잃은 남한은 남북 간 환경 협력(광물, 에너지, 식량, 물, 산림, 생태 자원 보존 등)은 물론 자원 관리 차원에서 환경의 미래 가치를 보존하는 데 적극적으로 나서게 되고, 이는 그동안 생각하지 못한 경제성장의 동력이 될 것이라는 기대를 가져온다.

바야흐로 자원 혁명의 시대로 들어선다. 세계 경제의 불확실성이 낮아짐에 따라 한국 경제도 안정기에 들어서지만 끊임없이 소모되는 자원의 급감 속도는 새로운 위협이 된다. 인구

2차 세계대전 직후, 영국의 클레먼트 애틀리(노동당) 집권기(1945~1951)와 비슷하다. 2차 세계대전 중 처칠의 전시 거국내각에 참여한 노동당 출신 각료들은 오랜 전쟁으로 지친 국민을 위해 정부에 일종의 당근을 요구했고, 당시 노동부 차관 베버리지가 복지정책의 청사진 '베버리지 보고서'를 만들었다. '요람에서 무덤까지(from the cradle to the grave)'라는 유명한 구절도 여기서 나온 것이다. 이것의 핵심은 소득 중단이 빈곤의 가장 큰 원인으로 보고 그것을 해결하기 위해 '공적 부조'를 실현하는 것으로 처칠과 보수당 각료들은 이를 전후 점진적으로 실현할 플랜으로 접근했다. 그러나 국민들은 즉각적인 실현을 원해 전쟁이 끝나자마자 노동당에 몰표를 던짐으로써 노동당이 집권하는 결과를 낳았다. 경제 상황은 어려웠지만 복지 확대에 대한 국민의 전반적인 합의에 기초해 노동당 정부는 강력한 사회보장 정책을 실행했고, 그 핵심이 '공적 부조'였다는 점에서 '국제시장'식 공동체 정신과 통한다고 볼 수 있다.

가 서서히 줄어들면서 소비가 약화되어야 함에도 기존에 형성된 소비시장의 동력은 똑같은 자원을 요구한다. 여기서 드러난 한계는 새로운 대체 자원이 개발되거나 기존 자원이 추가 확보되어야만 해결될 수 있는 부분이다. 자원 문제가 한국 경제의 발목을 잡게 될 줄은 그 누구도 예상하지 않았고 원하지도 않았던 시나리오다. 엎친 데 덮친 격으로 지구 온난화와 황사와 같은 국제적인 환경 문제와 북한의 수질오염 사고와 같은 한반도 내의 환경 문제도 서서히 수면 위로 떠오른다. 또한 남한 지역의 빈번한 지진과 북한 백두산의 화산활동 문제까지 환경에 대한 대처는 관심의 차원을 넘어 적극적인 대응을 요구한다.

이러한 상황에서 남북한이 경제와 정치 부분에서의 협력을 기초로 한 환경 협력 프로토콜을 발족하여 환경 문제를 공동 대응하는 한편, 남북한의 에너지 불균형을 해소하기 위해 공동으로 북한의 자원 개발에 앞장선다. 뜻밖에 환경 문제가 남북한의 협력과 평화를 만들어내는 상황이다. 환경 문제에 있어서는 지진이나 화산활동 같은 자연재해에 단계적으로 대처할 수 있는 위기 대응 시나리오 시스템을 구축하고 북한의 환경오염 문제에 남한의 기술력을 적극 도입하게 된다. 또한 황사 문제 같은 국지적인 부분을 벗어나는 문제에 대해서는 한반도의 영토를 보존한다는 취지 아래 중국 정부에 한반도의 입장을 적극 피력한다.

시나리오 #3 '내부자들'

: 정의가 사라지고, 격차가 극대화된 나라

- 새로운 경제성장 모멘텀 확보하나 사회적 갈등 요소 내재화
- 2026년 GDP 성장률 3%
- 기술 혁신 기반으로 대기업·제조업 중심 글로벌 경제 영토 확장
- 내수·고용 한계로 인한 불평등 확대, 대립으로 인한 사회적 피로도 증가
- 글로벌 입지는 경제적 이해 당사자로 제약되고, 민간 외교에 치중

'내부자들' 시나리오는 기술 혁신에 의한 경제성장의 모멘텀을 확보하지만, 사회적 갈등 요소는 해결되지 않는 미래다. '국제시장'과 동전의 양면을 이루는 상황으로 이 역시 절반의 실패 혹은 절반의 성공이라 할 수 있다.

대체로 안정적인 경제 기반 위에 주력 산업은 캐시카우(Cash Cow)로서의 역할을 다 해낸다. 경제성장률은 3% 이상으로 미국과 중국의 10년 뒤 경제성장률과도 크게 차이가 나지 않는다. 다만 내수보다 수출에 의한 성장이고, 제조업의 기술 혁신에 의해 국내 고용은 더욱 위축된다. 이른바 일자리 없는 성장이 일반화되어 거시경제 지표의 호황에도 일반 국민들의 삶은 별반 나아지는 모습이 보이지 않는다. 성장의 열매는 대기업과 기득권층에 집중되어 경제적 불균형이 확대된다. 이에 따라 소비 역시 양극화되어 중산층 이하의 소비자는 최저가를 찾아 온라인으로 대거 이동한다. 디지털 핵심 기술에 대한 선진국 의존도는 여전히 높은 상태이며, 제조 경쟁력의 문제로 환경 문제 해결에 미온적

이다. 지속적인 경제성장으로 인해 국가재정의 건전성은 유지되지만 경제적 양극화로 인해 최저생계 보장과 줄지 않는 실업률로 인해 막대한 재정부담도 공존하게 된다.

'내부자들'의 한국인은 같은 땅에 살지만 더 이상 같은 나라의 국민이 아니다. 정치는 가진 자들과 가지지 못한 자들을 대변하는 세력으로 양분되고 양 세력은 한 치의 양보도 없이 경쟁한다. 상생의 정치는 공허한 메아리로 울려퍼질 뿐, 양 세력이 죽기 살기로 자신의 입장을 관철하기 위해 싸운다. 그리고 그 싸움의 승자는 대부분 기득권 세력이 된다. 또한 경제적인 불평등이 심화됨에 따라 정치에 진입할 수 있는 가능성도 기득권 세력에게 집중되어 이른바 '그들만의 제도권 정치' 구도가 공고화된다. 이에 대해 중산층 이하 많은 시민들이 불만을 가지게 되지만 이들의 목소리를 조직화해 의미 있는 정치세력으로 만들려는 노력들은 번번이 실패하고 만다. 오늘날 이탈리아와 중남미에서 볼 수 있는 철저한 기득권 중심의 정치제도가 남한에도 펼쳐지게 된다.

영국 벤저민 디즈레일리 총리의 재임기(1874~1880)를 참고. 소설가이기도 했던 디즈레일리는 《시빌, 또는 두 개의 국민(Sybil or the Two Nations)》에서 당시 영국이 '두 개의 국민(two nations)'으로 분열돼 있다고 지적했다. 산업혁명으로 생산, 교역이 늘었지만 번영의 열매는 상류층만 독점함으로써 노동자들은 열심히 일해도 임금이 낮아 가족 부양조차 힘들었다. 디즈레일리는 공장법·노동조합법 등을 통해 노동자의 권익을 보장하고 근로조건을 개선하며 공중보건법·주택개량법 등을 통해 주거 여건을 향상시키는 등 사회통합 정책을 시행함으로써 영국에 번영을 가져왔다는 평가다.

사회적으로도 공동체성의 붕괴와 공평과 정의의 가치가 사라진 빈 공간을 극도의 이기적 개인주의가 채운다. 나와 내 주변을 벗어난 일들은 모두가 강 건너 불구경하듯이 방관한다. 1인 가족이 대세를 이루며 전통적 가족의 기능은 의미를 상실한 지 오래다. 사회의 기본 질서를 지탱하기 위한 경찰과 기본 시스템은 작동하지만, 기득권을 제외한 대부분의 사회 구성원 사이에서 사회질서는 근본적으로 기득권층을 위한 것이라는 의식이 팽배해진다. 또한 이를 반영하듯이 유전무죄 무전유죄의 현상들이 법정과 거리에서 종종 발생하게 된다.

'내부자들' 시나리오에서의 남한 사회는 피로사회라고 일컬어지는 오늘날 한국 사회와 매우 닮아 있다. 경제사회적 불평등 증가는 남과 북의 대립 긴장도를 심화시킨다. 이유인 즉, 남한 사회는 북한을 바라볼 여유가 없고, 남한 사람들에게 북한은 그저 못사는 공산국가이자 글로벌 트러블 메이커에 지나지 않기 때문이다. 소득의 양극화는 심리적 불안감 역시 고조시켜 사회적 범죄가 횡행할 가능성이 높아지며, 이에 따라 사람들은 더 나은 환경에서 살고 싶어 하는 욕망에 따라 기회비용을 기꺼이 지불한다. 환경 자원에 대한 가치는 높아지지만 지불용의(willingness to pay)에 비해 지불가능성은 소수에게만 허용되는 사회가 '내부자들'의 사회이다. 따라서 환경에 대한 소비와 투자는 사치재(luxury goods)로 더욱 자리매김하게 된다. 남과 북은 경제적 협력을 시도하지만 신뢰가 쌓이지 않은 상태이고 이를 바라보는 대중의 공감대는 매우 차갑다. 그럼에도 한반도 환경 관리에 대한 중요성이 커져가면서 '내부자들(기득권자들)'의 역할에 따른 남북 협력이 이루어진다.

 무언가 새로운 것은 없을까? 현재 남한 땅에 살고 있는 대다수의 국민이 갖는 질문이다. 남한 사회는 경제적으로는 안정화되어 있으며, 주력 산업 역시 캐시카우로서의 역할을 다 해내고 있다. 하지만 갈수록 심화되는 사회적 불평등과 갈등, 매너리즘은 인간으로 하여금 피곤함만 느끼게 해줄 뿐이다. 이러한 남한 사회에 좋은 소식과 나쁜 소식이 동시에 들려온다. 둘 다 남한에서 가장 가까운 위치에 있지만 심리적으로는 가장 멀리 있는 북한에서 굴러 들어온 소식이다.
 좋은 소식은 북한의 자원 개발 뉴스다. 그동안 북한에 고부가가치의 다양한 자원이 매장되어 있는 것은 이미 알려져 있었으나 실제 매장된 자원량과 품질이 확인된 것은 처음이다. 게다가 석유 매장의 가능성마저 다시 타진되었다. 하지만 나쁜 소식도 있다. 북한의 산업지대를 중심으로 치명적인 환경오염 사고가 빈번하게 발생한다는 것이다. 계산기를 두드려봐야 한다. 이 두 가지 문제를 어떻게 대응해야 될까? 답은 분명하다. 남한에서는 적극 개입할 수밖에 없다. 왜냐하면 환경오염은 결국 남한에도 그 영향을 미칠 것이고, 그것은 곧 국내 문제가 된다. 그렇다면 이제 남한이 가질 입장은 환경오염 문제를 해결한다는 명목하에 북한 자원 개발에 적극적으로 발을 담그는 것이다. 환경 문제가 남한의 내부적 갈등을 다독이고 남북 협력의 새로운 패러다임을 만들 가능성이 높아진다.

시나리오 #4 '곡성'
: 코리아 엑소더스

- 경기 침체 및 역성장하에 사회적 갈등 및 충돌 지속
- 2026년 GDP 성장률 1% 미만
- 자영업·서비스업 몰락, 기술 경쟁력 쇠퇴로 무역수지 적자 지속
- 정치·경제·사회 전반의 대립 격화로 상호 신뢰 기반 상실
- 글로벌 협상 카드 부재 및 대내외 합의 불가로 인한 수동적 입지

'곡성'은 한국 사회가 당면할 최악의 시나리오다. 심각한 경기 침체와 사회적 충돌이 맞물리는 상황이다. 급변하는 산업구조와 국제 정세에 적응하지 못한 결과 한국은 아무도 관심을 갖지 않는 극동의 조그만 변방국가로 또다시 전락하고 만다. 정보통신 강국이라는 강점을 전혀 활용하지 못하고 4차 산업혁명의 기회를 활용할 골든 타임도 정치적 분쟁과 기존 경제구조에 익숙

해 있는 기득권층의 저항으로 날려버린다. 그 결과 4차 산업혁명
이라는 새로운 게임에 적응하기 위한 변화와 훈련을 마친 주변국
들의 파상 공세의 쓰나미를 그대로 맞아 대부분의 산업이 국제
경쟁력을 상실하게 된다. 게다가 중국의 성장 속도가 예상보다
빨라 경제적 추월을 허용함에 따라 경쟁력 있는 산업들이 하나씩
사라져간다. 그야말로 한국은 바람이 빠지면서 쪼그라드는 풍선
신세가 된다.

가계 경제에 있어서도 최소한도의 소비 여력이 확보되지 않아
생계를 위한 부채가 증가하고, 내수 위축은 가속화된다. 고령화로
막대하게 증가한 노인 계층을 지탱할 국가 수입은 턱없이 모자라
서 이미 50%에 달했던 노인 빈곤율은 최악의 상황에 도달하며, 청
년들은 기대하는 일자리가 턱없이 모자란 현실에 절망하며 이 알
바에서 저 알바로 생계를 유지한다. 또한 태어나서 한 번도 일자리
를 가져보지 못하고 소비자로서의 삶, 즉 잉여인간의 삶만이 허락
되는 시민들이 빠른 속도로 증가하는 것이 '곡성' 남한의 모습이다.

정치는 '내부자들' 시나리오의 상황보다 한층 더 악화된다. '내
부자들' 시나리오에 따르면, 비록 기득권층에게 유리하게 작용한
다는 비난이 있지만 한국 사회에는 최소한의 법과 질서가 존재

한다. 하지만 '곡성' 시나리오의 한국 사회에서는 법과 질서가 더 이상 국민들의 신뢰를 받지 못한다. 법은 기득권층만 보호하는 법이 된다. 정치는 침몰하는 '대한민국호'에 대한 위기 의식보다는 개인과 특정 집단의 이해관계를 확보하기 위한 끊임없는 정쟁으로 국민들의 한숨과 경멸의 대상이 된다.

그 결과, 자신의 이해관계가 침해되는 경우에 법과 제도보다 자신의 영향력에 의지하려는 경향이 사회 전반에 퍼져가게 된다. 법이 영향력을 행사하지 못하므로 법 이외의 것들이 힘을 과시하려 든다. 마치 임진왜란, 병자호란을 앞두고 정신을 차리지 못한 사분오열로 갈라진 조선 조정과 일제 침략의 위협에도 변변한 전략 한 번 펼쳐보지 못한 대한제국의 모습을 그대로 답습한 듯한 상황이 펼쳐진다. 조선 말 세도정치로 법치가 무너지고, 연줄로 공직이 채워지는 상황, 즉 삼정의 문란(전정, 군정, 환정이 무너짐)으로 국가가 국민을 약탈하고, 결국 살길이 없는 민중의 민란(홍경래의 난, 진주 민란 등)이 끊이지 않고 일어나던 시기를 연상할 수 있다.

사회적으로도 세대 간, 계층 간, 지역 간 그리고 한국 국민과 재한 외국인 노동자들 사이에 제로섬 게임의 논리가 팽배해진다. 한국이라는 국가의 정체성보다는 개인과 집단의 정체성이 의사 결정의 우선 기준이 되어버린 '곡성'의 남한에서는 희망의 목소리를 더는 찾아보기 어렵다. '곡성'이라는 이름 그대로 국내 여기저기서 곡소리가 터져나온다. 빈부의 극심한 격차로 신음하고 있는 남미의 나라들에서 보이는 현상들이 한국의 현실이 된다. 생계형 범죄가 넘쳐나고 기득권층은 자신들만의 삶을 위해 온갖 보호막을 치게 된다. 대단지 아파트를 중심으로 철저한 경비 장치를 통해 외부인의 출입을 통제한다. 학교에 다니는 아이들의 유괴 위험을 막기 위해 사설 경호원 고용이 일상화된다. 산업의 핵심 기술들을 해외에 팔아버리는 연구원들이 곳곳에서 나타날 뿐만 아니라 이들에 대한 비난보다는 기회만 되면 저렇게 해서 한몫 챙겨야겠다는 마음이 팽배해진다. 이를 방증하듯 이민 열풍은 지금보다 더해서 기득권은 기득권을 유지하기 위해 그렇지 못한 이들은 새로운 기회를 얻기 위해 미국, 캐나다, 호주뿐만 아니라 동남아, 남미 등으로 멀리 떠나가길 원한다.

이 시나리오에서 한반도를 바라보는 외부의 시선은 곧 제2의 한국전쟁이라도 일어날 것처럼 위태롭기만 하다. 하지만 남한 사회 내에서 이러한 경제 위기는 오히려 담담하게 여겨진다. 이미 국가재정 파산 상태를 1998년 IMF 사태로 겪어본 남한은 오히려 또다시 경제 위기가 온다고 해도 크게 놀라운 일이 아니다. 한국인에게 경제 위기는 일상화되고, 내성과 면역력이 생겨난다. 오히려

국민의 안전을 위협하는 돌발적 위기 상황들(북미 갈등 점화, 미중 간
갈등 심화로 한반도 내 대리전 격화)과 사회적 분열(세대 간 갈등, 빈부격
차 심화 등)이 오히려 국민을 불안하게 만든다. 국가(혹은 리더)의 위
기관리 능력이 '곡성'의 시나리오를 장기화시킬지 단기적 상황으로
마무리되게 할지 그 향방을 결정짓게 된다.

한국 사회의 지층(地層)이 심상치 않다. 우스갯소리로 한반도

미래 한국 4대 시나리오에 대한 핵심 동인별 분석		
	명량	**국제시장**
인구	세대·계층 간 상호 양보 및 합의가 확대되고, 생산 인구 및 소비 인구의 다양성 증대	젊은 세대, 중산층 이하의 발언권 및 영향력이 강해지고, 중도 합리적 성향의 확산
정치·정책	국가적 차원의 기술 혁신 지원, 산업 구조 조정이 강화되고, 사회적 불균형 해소를 위한 정책 강화	세제와 같은 경제정의 복지 등의 정책 중요도가 강해지고, 투명성에 대한 국민 감시 체제 가동
소비	경제성장 및 내수 시장 활성화로 소비의 규모는 확대되고, 온오프 전반에서 소비 패턴 다양화	뉴노멀에 적응하는 가치 소비 패턴이 확대되고, 미래 불확실성에 대비한 저축 등 투자 비중 증대
기술	4차 산업혁명의 주요 기술 중 일부 영역에서 글로벌 리더십을 확보하고, 내수의 다양한 실험으로 상용화	기존 강점이 있는 전자, 자동차 등에서의 기술적 혁신은 지속되나, 전반적 기술 경쟁력은 답보
환경·자원	글로벌 환경 어젠다 적극 참여, 환경 산업 조성 및 대체 에너지 이용 확산	환경 문제에 대한 적극적 인식하에, 자발적·주체적인 개선 계획 수립 및 대응 확산
글로벌화	글로벌 경제 주요 국가 입지를 기반으로, 균형 있는 외교적 배분을 통한 실리 확보	글로벌 경제 질서에서의 입지는 약화되나, 강경한 실리 노선에 의한 약소국 카드 확보

의 지층과 일본의 지층을 빅딜한 것이 아니냐는 소리마저 들린다. 2017년 전국을 지진의 공포로 몰아넣으며 대입 수능마저 연기시 켰던 포항 지진은 이제 작은 전조에 지나지 않을 정도이다. 이후 경상도 지역뿐만 아니라 강원도, 경기도 지역까지 한반도 전역에 지진의 공포가 일상적으로 엄습한다. 10년 동안 값비싼 대가를 치러가면서까지 일본의 지진대응 시스템을 도입했지만 10년의 기간으로는 역부족이다. 지진의 위협과 맞물려 지난 세월 한국의

자료: AT커니

내부자들	곡성
내수·고용의 위축으로 실업 및 자영업자 증가세가 지속되고, 외국인에 의한 노동력 대체 심화	경제 활동 인구의 실업률 증가로 인해 기성세대와 젊은 세대 간 가치의 대립, 계층 간 갈등 격화
대기업 중심의 지원이 심화되고, 각종 불균형 및 대립에 대한 정책 개입은 민간 자율에 맡기는 방향으로 최소화	정책적 오류 또는 불확실성의 반복으로 인한, 일반 대중의 정치적 무관심 심화
소비의 양극화로 고소득층의 소비는 확대, 중산층 이하는 온라인 중심으로 대거 이동	최소한도의 소비 여력이 상실되어 부채 비중이 증가하고, 내수 시장 위축 가속화
제조업 중심의 기술 혁신으로 일부 글로벌 경쟁 우위를 확보하나, 디지털 기술 등은 선진국에 의존	디지털 기술 및 원천 기술의 선진국 의존 심화, 중국 등에 대한 양산 경쟁력의 열세로 차별성 상실
산업 에너지에 대한 부담은 연기 또는 최소화	경제적 위축과 사회적 공감대 미흡으로, 환경 관련 각종 계획의 보류 및 중단
다수 글로벌 기업의 영향력에 입각한 민간 외교 중심의 입지에 국한	외교적 영향력 상실로, 현상 유지를 위한 수동적인 외교적 선택 상황 반복

에너지 시장을 지탱해온 원자력 에너지의 폐기물도 국민들을 위협한다. 내진 설계로 대비했으나 핵폐기물이 저장된 위치에 지진이 정확하게 강타한다면 한반도는 아수라장이 될 것이다. 한국이 지진과 방사능 문제로 살기 어려운 땅이 되어버린다면 한국 사람들은 어디로 가야 할까? '곡성'의 시나리오가 닥친다면 당신은 어디로 움직일 것인가?

PART
03

시나리오
북한

2018년 김정은의 파격, 이후 북한은 어떤 모습일까?
북한이 궁극적으로 원하는,
아니 북한 모든 인민이 궁극적으로 원하는 나라는
어떤 나라일까?

2018, 다이내믹 '노스' 코리아

2018년은 북한의 비핵화를 둘러싼 한반도의 정세가 요동친 한 해로 기억될 것이다. 4월 27일과 5월 26일 두 차례의 남북 정상회담이 열린 후, 6월 12일에는 북미 정상회담, 연이어 9월 18~20일에 세 번째 남북 정상회담까지 열렸다. 북미 간 힘겨루기, 한반도 주변국의 이해관계, 남남갈등 등 여전히 순탄치는 않지만 북한 비핵화와 함께 한반도 종전선언 및 평화 체제 구축에 대한 논의에 진전을 보일 것으로 전망된다. 오랜 기간 긴장 국면으로 치닫던 한반도의 정세가 바야흐로 대화 국면의 '꽃길'로 접어든 것은 다행스러운 일이다.

'화성-15형' 대륙간 탄도 미사일
발사를 기념하는 북한 우표

출처: 2017년 12월 30일자 〈노동신문〉

　어찌 보면 이 같은 정세 변화는 2017년 말 북한의 핵 무력 완성을 선포한 이후 예고된 측면이 있다. 집권 이후 핵미사일 능력 고도화에 전념해온 김정은은 2017년 핵 무력 완성을 목표로 전력 질주했다. 2016년에만 두 차례의 핵실험(1월, 9월)과 24발의 탄도미사일을 발사한 북한은 2017년 들어서며 핵미사일 위협을 더욱 고조시켰다. 문재인 정부 출범 직후에도 '화성-12형', '북극성-2형' 탄도미사일을 발사하고 7월 4일과 7월 28일 '화성-14형' 대륙간 탄도 미사일을 연이어 발사했다. 9월 3일에는 6차 핵실험을 실시했으며, 11월 29일에는 '화성-15형' 대륙간 탄도 미사일을 발사한 이후 정부 성명을 통해 국가 핵 무력 완성을 선포했다.

　이로써 북한은 남한과 일본은 물론 태평양 지역의 미군 기지와 미국 본토에 대한 핵미사일 타격 능력을 갖추게 되었으며 북핵 위기는 최고조로 치닫게 된다. 이에 대해 유엔안전보장이사회는 북한의 핵미사일 도발을 결코 용납하지 않겠다는 단호한 의지가 담긴 대북제재 결의를 4차례나 채택(6월 2일 2356호, 8월 5일 2371호, 9월 11일 2375호, 12월 22일 2397호)했다.

도널드 트럼프 미국 대통령과 김정은 북한 국무위원장 간 말싸움도 한반도 정세를 악화시키는 요인으로 작용했다. 김정은이 2018년 신년사에서 "핵 단추가 내 사무실 책상 위에 놓여 있다."고 하자 트럼프 대통령은 트위터에 "나는 훨씬 크고 강력하고 실제 작동하는 핵 단추가 있다."고 엄포를 놓았다. 트럼프 대통령이 2017년 9월 유엔 총회 연설에서 "로켓맨(Rocketman)이 자살 임무 수행 중"이라며 "미국과 동맹국을 방어해야 하는 상황이면 북한을 완전히 파괴할 수밖에 없다."고 하자, 김정은은 사흘 뒤 성명을 내고 "겁먹은 개가 더 크게 짖는다. 노망난 늙은이를 불로 다스릴 것"이라고 되받아치기도 했다. 말 그대로 동네 아이들의 말싸움 수준의 말들이 한반도를 더욱 불안한 상황으로 이끈 것이다. 점입가경으로 2017년 11월 방한한 트럼프 대통령이 국회 연설에서 "(북한은) 우리를 시험하지 말라."고 하자, 〈노동신문〉은 트럼프 대통령을 '박테리아', '바퀴 새끼' 등으로 비유하며

"늙다리 깡패의 구역질 나는 상통(얼굴)을 죽탕쳐(짓이겨) 버리자." 라고 위협하기에 이르렀다. 우리 아이들의 눈과 귀를 막아야 할 정도의 막말들이 넘나들었던 일촉즉발의 상황이었다.

그런데 정작 이런 저급한 말들은 언론의 관심을 키우는 증폭제 역할을 했다. 전 세계 언론은 트럼프와 김정은의 말 전쟁을 열심히 퍼날랐다. 하지만 북핵과 관련한 두 사람의 말싸움은 우리에게는 생존을 위협하는 두려움과 걱정을 심화시키는 중대 위기로 받아들여졌다. 한반도 10년 후 시나리오를 그리려 모인 우리에게 2017년 북한은 그저 암담하고 염려스러운 것투성이였다. 그렇게 겨울날의 그믐밤, 아무것도 보이지 않는 어둠 속에 우리는 갇혀 있었다.

그러나 암담한 어둠 속에서도 희망의 빛은 서서히 비쳐들기 시작했다. 2017년 11월 29일 '화성-15형' 대륙간 탄도 미사일 발사 직후 김정은은 백두산에 올라 '핵 무력 완성'을 선포하며 강경한 대치 기조가 이어지는 듯했으나, 이후 미묘한 변화가 감지됐다. 그해 12월 자성남 유엔 주재 북한 대사는 일본 취재진을 만나 "조건이 된다면 미국과 만날 용의가 있다."고 언급했고, 또 같은 시기 중국 쿤밍에서 남북중 3국 축구선수들이 참가한 청소년 축구경기대회가 열리기도 했다. 이때부터 전문가들은 조심스럽게 핵 무력 완성을 선포한 북한이 2018년부터 평화 공세로 나오는 것 아니냐는 관측이 제기됐다.

김정은은 전문가들이 예상했던 것보다 파격적인 제안을 했다. 2018년 신년사에서 "동족의 경사를 기뻐하고 서로 도와주는 것은 응당한 일"이라며 "평창 올림픽에 북측 대표단 파견과 동결 상태에 있는 북남 관계를 개선하여 올해를 민족사에 특기할 사변적인 해로 빛내야 한다."고 밝혔다. 불신과 기대가 공존하는 복잡한 셈법의 시간이 흐른 후, 북한은 신년사대로 선수단을 남쪽에 파견했다. 남북 공동 입장, 북측 고위 인사의 방문, 남북 정상회담과 북중 정상회담이 이뤄지고 북미 정상회담까지 거침없는 행보를 보였다. 평창에서 판문점, 싱가포르, 다시 평양까지 그야말로 평화의 속도전이었다. 우리는 혹시 그 속도에 취해 있는 건 아닐까. 어쨌든 한반도는 두려움과 설렘 속에서 그 어떤 시나리오 작가도 예측할 수 없는 격변의 2018년을 보냈던 것이다.

북한의 핵 무력 완성과 화해의 손짓

북한 시나리오를 준비할 때 핵이 가장 고민되는 변수였다. 인민의 피땀을 짜내 개발한 핵을 유지하면서 동시에 경제적 발전이 가능한 것일까? 북한의 주장처럼 '국방· 경제 병진', '핵· 경제 병진'은 병립 가능한 주장일까? 핵을 유지하면서 북한의 경제적 발전과 사회적 통합이라는 변수 축을 세우는 것이 의미가 있을까? 이렇게 고민의 시간은 깊었고 길었다.

김정은 시대에 들어와 '장마당 활성화'를 통해 어느 정도 경제성장이 있다는 보도를 근거로 핵 보유 유무와 경제성장을 둘러싼 견해가 팽팽하게 맞섰다. 그러나 우리는 북한 시나리오의 대전제로 북한이 핵을 가진 한 국제사회의 제재로 인해 정권이 위협받고, 경제성장도 부진할 것이라는 견해에 대체적으로 동의했다. 북한이 핵을 포기하고 외부의 경제 지원과 교류가 있어야 의미 있는 경제성장을 고려할 수 있다고 판단, 그 내용을 시나리오에 반영하기로 했다.

'북한은 왜 핵 개발을 하게 되었을까?' 이와 같은 근본적인 질문 없이 핵 포기를 설명하기는 어렵다. 북한 체제의 안정성 그리

고 정권의 안정성을 높이기 위해 어쩔 수 없는 선택이라는 의견
과 미국과 서방에 대한 일종의 대화 수단이라는 견해도 있었다.
소련은 붕괴했고 동구권 독재자의 처참한 말로도 목도했다. 같은
공산권 국가와도 거침없이 영토 분쟁을 하는 중국의 모습에서 아
무도 우리를 돕지 않는다는 두려움이 북한을 극단적인 자위권 구
축을 위한 핵 개발로 몰아냈을 것이라는 추측도 해보았다.

또 핵 개발은 언제든 미국을 중심으로 한 서방의 선제공격을
받을 수 있는 위기를 초래하지만, 완성만 한다면 이동식 발사대,
SLBM(Submarine-Launched Ballastic Missile: 잠수함발사 탄도 미사일)처
럼 적국이 탐지할 수 없는 곳에 숨겨서 단 한 방의 보복이라도 가
할 수 있기에 미국의 대화를 끌어내는 도구가 될 수 있다. 그리
고 대화를 한다면 만만치 않은 보상을 얻어내리라는 기대가 북한
이 핵을 개발한 가장 큰 이유로 추정된다. 그렇다면 김정은 위원
장의 핵 무력 완성 선언은 대화 준비, 아니 거래 준비가 끝났다는
신호로 봐야 타당할 것이다.

북한의 운명을 결정할 '축'

먹고사는 문제

북한의 핵무기 개발은 인민을 위한 것이 아니라 현 정권의 체제 보장을 위한 것이라고 평가되고 있다. 북한은 부족한 체제 정통성을 김일성 항일 운동과 일본 제국주의에 대한 투쟁의 역사, 미국의 위협에 저항하는 사명에서 찾으려고 한다. 그런 입장에서 핵무기 개발은 필요한 전략이었을 수 있다. 하지만 북한이 미국을 대상으로 하는 핵 무력 개발과 연이은 ICBM(대륙간 탄도 미사일) 개발을 통한 미국 본토 도발 가능성을 증가시킨 행위는 필연적으로 국제사회의 제재와 압박을 불러일으켰다. 역설적으로 북한의 체제 안정성은 높아졌으나, 외부로부터 완전히 고립되었고 경제적 어려움에 처했다.

흥선대원군의 쇄국정책을 떠올려보자. 흥선대원군은 외세의 도발을 체제에 대한 위협이자 변화를 유발하는 위험 인자라는 인식으로 더욱 강한 쇄국을 단행했다. 이 과정에서 왕정 체제는 안정되었으나 내부 발전은 정체될 수밖에 없었다. 외부와의 단절은 선택이었지만 고립으로 인한 피해는 고스란히 백성에게 돌아갔다. 이와 마찬가지로 북한도 외부와의 단절에 더해 자연재해로 인한 극심한 기근에 시달렸지만 별다른 대책 없이 그저 공허한 선군 정치를 강조했고, 그 사이 수많은 아사자가 발생했다. 핵무기 개발과 그로 인한 고립의 피해는 고스란히 절대다수의 인민의 몫이 되었다. 타개책으로 중국과의 밀수 시장을 암묵적으로 용인하고 장마당 경제를 활성화시켰으나 경제 발전이라 하기에는 부끄러운 고육지책의 수준이었다.

정권의 안정성과 인민의 다양성 증대

앞서 우리는 남한의 미래 시나리오를 결정하는 중요한 한 축으로서 사회적 통합 여부를 지적했다. 10년 후 미국 시나리오에서 국가적 통합을 다인종국가 · 연방국가로서의 갈등 상황과 해결에서 접근했다면, 남한은 기성세대와 청년세대의 갈등, 공공부문과 민간부문 간의 신뢰와 협력, 진보와 보수의 충돌, 부유층과 중산층 이하의 계층 갈등을 미래 변화를 일으킬 중요한 축으로 보았다. 남한이나 미국은 민주주의 국가로서 다원성을 인정하고 있으며, 이러한 다원성은 자유 경쟁을 촉진시키고 사회의 성장 및 발전에 기여할 수 있다. 구성원들의 다원성이 서로 대립 구도를 형성하거나 사회가 감당하기 힘든 치열한 경쟁을 유발할 경우 사회통합이 어려울 수 있다. 하지만 민주 사회는 개인의 자율적인 협의와 타협이라는 방법으로 갈등을 해소하고 통합의 길을 찾아가게 된다. 또한 국가 단위에서는 이해관계가 다른 정당 간, 이익집단 간의 갈등을 대화와 타협으로 해소하고 국론을 통합할 수 있다.

북한의 10년 후 시나리오에서 변화를 이끌 중요한 축으로 통합은 어떤 개념이어야 할까? 북한의 시나리오를 준비하면서 남한의 시각과 가치관의 개입으로 시나리오의 개연성을 떨어뜨릴까 염려가 컸던 우리는 과거 권위주의 정부 시절의 한국 사회를 참고했다. 권위주의적 정권하의 남한은 개인의 다양한 의견은 존중받지 못하고 다원성이 바탕이 된 대화와 타협을 통한 사회통합도 불가능했다. 오직 정권의 입장과 의견만 있던 시기였다. 상존하는 북한의 위협에 대한 반공과 국가 주도 경제 개발이라는 목표 아래서 개인의 의견은 제한적일 수밖에 없었다.

북한은 남한의 권위주의적 군부 독재보다 비교하기 어려울 만큼 더 권위주의적이고 중앙집권적인 정치체제를 70년 동안 유지하고 있다. 개인의 의견과 다원성이 배제될 수밖에 없다. 외부적으로나 내부적으로 오직 공산당, 최고 수령의 한 목소리만 존재한다. 한 국가에 하나의 목소리만 존재한다는 것은 대부분 내부 인민의 자연스러운 동조가 아닌 억압에 의한 동의를 의미한다.

지배 체제 변화를 유발하는 내적·외적 요인이 생기게 되면 인민
의 다원성이 발현될 수 있다. 장마당을 중심으로 민간 성장이라
는 내부적 동인에 의한 다원성이 형성되고, 비핵화를 통한 외부
의 지원과 경제성장에 따른 다원성 형성을 가정한다면 이를 중심
으로 한 사회통합도 고려해볼 수 있다. 다만 장마당 경제의 성장
저하와 핵 보유 강행으로 북한의 고립이 지속될 경우에는 북한
정권의 체제 위기에 따른 인민 개별 단위의 생존 본능이 강화되
어 사회통합이 저하될 수 있다. 따라서 북한의 통합은 정권의 안
정성과 인민의 다양성 성장 두 가지 측면의 결합적 모델로 판단
해볼 수 있다.

그렇다면 10년 후 북한의 기후·환경 변화를 살펴보자. 남한
사회는 고도 성장기를 거치며 환경, 자원에 대한 지속 가능한 개
발이라는 인식의 변화와 국제사회로부터 기후 변화와 같은 환경
변화에 대해 일정 정도 책임을 요구받고 있다.

이와 달리 북한 사회는 어려운 경제 사정으로 환경보호는 우선
순위에서 많이 밀려나 있다. 핵을 포기하고 국제사회로부터 다양
한 투자를 받고 글로벌 기업의 북한 진출이 이루어지면, 3,000조
원 정도[○]의 경제적 가치를 지닌 지하자원 개발과 저렴한 임금,
기술 숙련도를 보유한 노동력 등으로 북한이 세계 공장 중의 하

나로 부상하게 될 전망이다. 이 전망이 현실화된다면 환경오염 문제가 북한의 새로운 사회문제로 떠오를 것이다. 부족한 에너지 문제를 해결하기 위해 화력발전소 중심의 에너지 시스템을 수립한다면 미세먼지와 같은 한반도 전체에 영향을 주는 환경 문제도 충분히 야기될 수 있다. 반대로 핵 보유를 강행하고 지금처럼 국제사회의 고립을 유지해도 에너지 부족에 따른 벌목 가중으로 민둥산 증가와 수해 반복, 식량 부족이라는 악순환이 지속될 수 있다. 그밖에도 북한의 지속적인 핵실험으로 핵 방사능 유출과 같은 재앙적 수준의 환경 문제나 백두산 폭발이라는 예측 불가능한 변수가 발생할 가능성도 있다. 동북아 최강국이자 해동성국으로 일컬어지던 발해의 멸망이 백두산의 화산 폭발과 연관되어 있을 것이라는 연구가 최근 설득력을 얻고 있는 상황임을 고려한다면, 북한의 환경 문제에서 백두산 화산 문제도 중요한 요인이 될 수 있다. 만에 하나 화산이 폭발하게 된다면 사회 통제 시스템이 붕괴됨은 물론 재생 불가능한 수준으로 인민들의 생활환경이 파괴될 것이기 때문이다. 이러한 거대한 환경 재해는 인민들의 삶뿐 아니라 북한의 권력 체제를 한 순간에 무너뜨릴 대사변이 될 가

◎ 〈월간중앙〉(2018년 6월호) '남북 화해 모드 경제 특집 전문가 분석. 주목받는 북한 지하자원의 규모'에 따르면 최경수 북한자원연구소장은 북한의 지하자원 가치를 3,200조에서 6,500조 원 규모로 추정함.

능성이 높다.

오늘날 남한 사람들은 북한의 기술 수준이 막연히 낮을 것이라는 선입견을 가지고 있다. 하지만 북한도 1960년대부터 시작된 국방·경제 병진 개발 추진과 국방력 제고를 위한 중공업 위주의 경제 개발이 없었던 것은 아니다. 또한 남한이 ─ 러시아와 협력해 나로호를 발사한 과정을 보더라도 ─ 아직 완전한 발사체를 보유하지 못한 것과는 달리 북한은 그보다 훨씬 고도화된 ICBM 기술을 보유하고 있다. 다만 일부 군사 분야에 국한한 기술 개발에 국가의 모든 자원이 집중되고 핵 개발로 인한 국제적 고립으로 전체적 인민의 삶이 개선되지 못하고 있을 따름이다. 또한 생필품류 생산과 관련한 경공업 분야의 기술 축적 수준이 낮고 ICT 분야에 대한 투자가 부족하다. 같은 기간 남한은 미국과의 동맹으로 안보 부담을 줄이고 미국 시장에 진출하여 수출산업 중심으로 경제성장과 기술 축적을 이뤘다. 하지만 지금의 4차 산업혁명 시대는 여전히 시작 단계이므로 북한이 이것마저도 남한보다 후진적일 것이라고 미리 판단하기에는 이르다. 기술은 불연속적으로 발전하기 때문에 선발자의 함정과 후발자의 이익이 존재한다. 하드웨어에서 소프트웨어로, 아날로그에서 디지털로, 오프라인에서 인터넷과 모바일로 진화할 때마다 선발자들은 거대한 유산을 보유한 탓에 제때 혁신하지 못하는 덫에 걸리고, 오히려 후발 주자가 새 패러다임을 주도하곤 한다. 지킬 게 없는 게 때로는 재빠르게 혁신하는 기반이 된다. 후발주자들이 부지불식간에 잘나가는 기업들을 무너뜨리는 불연속적인 테크놀로지 역사를 두고 흔히들 '파괴적 혁신'이라는 용어로 정리한다. 4차 산업혁명의 큰 전제라 할 수 있는 빅데이터 수집 단계는 유발 하라리가 그의 저서 《호모 데우스》에서 우려 섞인 지적을 했듯이 권위주의 정부이자 독재국가인 북한이 한국보다 유리할 수도 있다. 2017년 국제 인터넷 프로그래밍 대회인 코드쉐프(CODECHEF) 대회에서 북한 김일성종합대학과 김책공업종합대학 학생이 우승을 한 것만 봐도 북한의 잠재력은 확인됐다.

10년 후 북한의 시나리오

남한과 같이 경제적 성장과 사회적 통합 여부를 두 축으로 하는 북한의 미래는 4가지 시나리오로 구분했다. 앞서 남한의 시나리오를 잘 알려진 영화 제목으로 명명했듯이, 북한의 시나리오도 우리에게 어느 정도 알려진 북한의 표현과 어휘를 통해 상징하고자 했다. 그래서 '세상에 부럼 없어라', '배고픈 강성대국',

북한의 4대 시나리오

자료: AT커니

통합

배고픈 강성대국

- 핵 보유로 인한 국제적 고립·제재 유지
- 극도의 경제적 어려움 속 핵·경제 병진 노선을 강조함으로써 체제 위협 극복
- 정권 유지 비용 마련을 위한 통제 시스템 가동으로 시장 활동 위축
- 지속적인 핵 개발로 방사능 오염 증가
- 환경 관리 능력 부재로 자연재해 위험 노출

세상에 부럼 없어라

- 가치의 다양성 보장으로 보편적 가치 공유
- 발전된 군사 기술을 첨단 산업 분야로 기술 이전 및 산업 분야에 적용
- 외부 투자 및 글로벌 기업 유지
- 원유, 희토류 등의 지하자원 개발 활성화를 기반으로 한 경제적 이익 창출
- 청정 개발 체제 활용을 통한 환경오염 문제 해결

성장 정체

성장 재점화

백전백패 조선노동당

- 정권 안정성 약화 및 사회적 갈등 심화
- 높아지는 쿠데타 가능성
- 대량 살상무기 유출 위험도 상승
- 산림 자원과 어족 자원의 황폐화
- 자연재해 대응력 취약

찢어진 모기장

- 장마당을 중심으로 자본주의적 속성 증가
- 빈부 격차 심화로 인한 통합력 약화
- 지하자원 개발을 시도하나 개발이익을 착취당함
- 서서히 진행되는 환경오염 누적·악화

분열

'찢어진 모기장', '백전백패 조선노동당'으로 명명하고 구분했다. '세상에 부럼 없어라'는 경제성장과 사회통합이 이루어진 가장 바람직한 모습으로 남한의 '명량'과 같은 단계이다. 핵 개발의 완전 포기와 미국의 체제 인정이 현실화되어 경제 발전을 추구함으로써 인민의 삶의 질이 획기적으로 개선되는 시나리오다. '배고픈 강성대국'은 남한의 '국제시장'과 비슷한 시나리오다. 핵을 포기하지 않고 국제적 제재가 강화되어 주민에 대한 통제가 더 강화되는 모습이다. '찢어진 모기장'은 남한의 '내부자들'과 같은 단계로서 핵을 포기하지 않고 국제적 고립은 여전한 반면에 시장경제가 급성장하면서 내부의 혼란이 야기되는 시나리오다. '백전백패 조선노동당'은 남한의 '곡성'에 해당하는 최악의 시나리오다. 북한은 핵을 포기하지 않고 국제 제재는 더욱 강화되는 과정에서 쿠데타가 발발할 가능성이 높은 시나리오다.

시나리오 #1 '세상에 부럼 없어라'
: 인간의 존엄이 회복된 땅

- 가치의 다양성 보장으로 보편적 가치 공유
- 발전된 군사 기술을 첨단 산업 분야로 기술 이전 및 산업 분야에 적용
- 외부 투자 및 글로벌 기업 유지
- 원유, 희토류 등의 지하자원 개발 활성화를 기반으로 한 경제적 이익 창출
- 청정 개발 체제 활용을 통한 환경오염 문제 해결

　　북한 3대 세습 정권의 일관된 정치 공약은 주민들에게 "고래등 같은 기와집에 비단옷을 입고 이밥에 고깃국을 먹게" 하여 '인민의 세기적 숙망'을 실현하는 것이다. 김일성은 말년에 "나는 우리 인민에게 이밥에 고깃국을 먹이기 위하여 해방 직후부터 오늘까지 수십 년간 투쟁해왔다."고 자주 고백하곤 했다. 이밥이라는 말은 원래 민중에 대한 권문세족의 수탈이 극심했던 고려 말기를 지나 새로 개창한 조선에서 쌀밥을 먹을 수 있게 되면서 '이씨 조선의 밥'이라는 뜻에서 유래되었다. 조선의 이밥은 권문세도가를 몰아내고 새로운 세상을 열었다는 의미로 사용되었으나, 김일성의 이밥에 대한 인식은 조금 달랐다. 김일성은 우리나라에서 흰쌀밥은 조선시대 왕이나 왕족들만 먹는 밥이라고 하여 왕밥 또는 이밥이라고 불렀다고 말한다.◎ 왕족만 먹던 이밥을 오늘날 사회주의 북한에서는 전체 인민들에게 먹이려고 투쟁을 하고 있다는 것이다.

　　6·25 한국전쟁 이후 전후 복구 건설 시기와 천리마 운동 시기에도 조금만 더 '허리띠를 졸라매고' 사회주의 건설에 박차를 가하자고 호소했던 설득의 기제 역시 '이밥에 고깃국'이었다. 북한

◎ 김일성, "우리나라 사회주의는 주체의 사회주의이다",《김일성 전집》제94권, 조선노동당출판사, 2011, p. 276.

에서 '쌀은 곧 사회주의'였고, 1960년대 들어 이밥에 고깃국은 사회주의 건설의 목표가 되면서 '쌀은 곧 금'으로 표현되었다. 이 시기 남한에 비해 상대적으로 경제성장을 이루어 자신감을 가졌던 북한은 1961년 '세상에 부럼 없어라'라는 노래와 슬로건을 제창했다.◎ '세상에 부럼 없어라'에는 현실적 자신감과 밝은 미래에 대한 공산주의 이상이 그려져 있었다.

1964년 북한을 방문한 경제학자 조안 로빈슨(Joan Robinson) 케임브리지대 교수는 1965년 미국의 진보적 매거진 〈먼슬리 리뷰 (Monthly Review)〉에 투고한 '1964년의 코리아: 경제의 기적(Korea, 1964:Economic Miracle)'이라는 글에서 전후 복구에 열심인 북한을 매우 긍정적으로 표현했다. 조안 로빈슨이 방문했던 1964년 북한은 전쟁의 상처를 이겨내고 나름의 사회주의 공업화가 순탄한 시기였다. 북한의 통계를 전적으로 신뢰할 수는 없지만 공식적인 자료상, 그 당시 두 자릿수의 경제성장을 기록했고, 1인당 국민소득도 체제 경쟁 대상인 남한에 비해 4배나 높았다. 북한은 빠

◎ 〈1절〉 하늘은 푸르고 내 마음 즐겁다 손풍금 소리 울려라/ 사람들 화목하게 사는 내 조국 한없이 좋네/ (후렴) 우리의 아버진 김일성 원수님 우리의 집은 당의 품/ 우리는 모두 다 친형제 세상에 부럼 없어라 〈2절〉 우리 힘 꺾을 자 그 어데 있으랴 풍랑도 무섭지 않네/ 백두의 넋을 이어 빛나는 내 조국 두렴 몰라라/ (후렴) 〈3절〉 동무들 다 같이 노래를 부르자 손풍금 소리 맞추어/ 천리마 나래 펴는 내 조국 백화가 만발하였네/ (후렴) 이 노래의 주제는 노동당을 집으로 사고하며 사람들 사이를 형제 관계로 설정해, 김일성을 아버지로 우상화하는 내용으로 북한 체제의 이상향을 그리고 있다.

른 전후 복구, 김일성 권력 체제의 강화, 높은 경제성장, 완전고용, 기본적인 복지 혜택 등에서 경쟁 상대인 남한에 대한 비교 우위를 점함으로써 체제에 대한 강한 자신감을 가진 상태였다. 한마디로 1970년은 북한 역사의 최대 황금기였다. '세상에 부럼 없어라'는 이러한 경제 발전의 자신감이 반영된 시나리오다.◎

1970년대 들어서면서 김일성의 장남 김정일이 후계자로 내정되며 '온 사회의 김일성주의화' 실현을 위한 국가적 대형 프로젝트가 추진되고, 김일성 우상화가 인민에게 '세상에 부럼 없는' 생활의 기준이 되었다. 제5차 노동당대회에서 총비서에 재추대된 김일성은 1972년 사회주의 헌법 제정을 통해 주석제를 도입했고, 이로써 '당과 국가의 막중한 사업을 영도하는 김일성 수령의 부담을 덜어드리는 사업이' 국정의 최우선 과제로 등장했다. 결과적으로 이는 후계자의 등장을 재촉했다.◎ 이때부터 인민은 '온 사회의 김일성주의화'를 실현하는 길이 곧 '세상에 부럼 없는' 생

◎ 참고로 이 시기는 북한뿐 아니라 소련을 비롯한 사회주의 국가 대부분이 경제적 발전을 이루며 체제적 자신감이 극에 달했던 시절이었다. 실제로 니키타 흐루쇼프(1953~1964) 시절 소련은 수치상으로뿐 아니라 실질적으로도 경제 발전을 이루고 국민의 생활수준을 향상시켰다. 스탈린의 중공업 위주 경제정책을 생활용품 위주의 경공업 부분 성장 정책으로 전환하는 한편, 공용 주택(흐루숍카)과 별장(다차) 등 주거 공급도 원활했다. 아울러 1960년대 소련은 흐루쇼프가 주도한 스탈린 격하 운동의 영향으로 광신적 지도자 숭배 배격, 피의 숙청 완화, 정부 비판 용인 등 잠시나마 정치적으로 자유로운 분위기였다.

1978년부터 2009년 11월 30일 화폐 교환 이전까지 사용된 북한의 일원권 지폐

활을 마련하는 길로 인식했다.

　북한 사회의 정치, 경제, 문화 곳곳에는 '수령님의 만수무강을 축원합니다'라는 노래와 슬로건이 장식되어 김일성주의화의 현실과 '세상에 부럼 없는' 이상이 동일시되는 착시 효과가 나타났다. 인민에게 '세상에 부럼 없는' 생활을 마련해준 '김일성 수령님의 만수무강을 축원'하는 사업은 북한의 현재와 미래로 간주되었다. 따라서 '세상에 부럼 없는' 생활은 '최고 존엄'을 대하는 행동 규범으로 인식되었다. 실제로 1978년에 발행되어 2009년까지 북한에서 가장 많이 사용되었던 일원권 지폐에 '세상에 부럼 없어라'가 명시

◎ 최경희, "북한 '수령권력' 체제의 생성과 메커니즘", 《한국과 국제정치》 제32권 제4호, 2016, p. 142.

되기도 했다. 한마디로 '세상에 부럼 없어라'라는 슬로건은 최고 존엄의 상징이자 북한이 지향하는 이상향으로 인식되어왔던 것이다.

그렇다면 북한 인민의 입장에서 진정한 의미의 '세상에 부럼 없는' 생활은 어떤 모습일까? 우선 정치, 경제, 군사, 문화의 중심에 '최고 존엄'이 아닌 '보통사람의 존엄'이 보장되어야 한다. 그러자면 각자 일한 것만큼 누릴 수 있는 조건, 또한 그것을 선택할 수 있는 자유가 보장되어야 가능하다. 2009년 김정일은 헌법을 개정해 '공산주의' 문구를 삭제함으로써 시장주의의 가능성을 열어두었다. 그러나 김정은 시대에 돌입한 현재까지도 여전히 주민들에게 '쌀밥에 고깃국을 먹게 하겠다.'는 슬로건만이 반복되고 있다. 또한 김정은은 정권 출범 이후 첫 공개 연설에서 "우리 인민이 다시는 허리띠를 조이지 않게 하겠다."고 약속하면서 '경제 건설과 핵 무력 건설의 병진 노선'을 채택해 경제 발전의 전제조건이 핵 무력 완성에 있음을 분명히 했다.

'세상에 부럼 없어라' 시나리오상의 북한은 남북 대화, 북미 대화를 통해 핵을 포기하고, 국제 기금의 투자, 미국의 민간 지원, 남북 경협의 강화, 글로벌 기업의 북한 진출 등을 통해 경제 발전을 추구한다. 국가 경제지표도 극적으로 개선되고 낙후된 중공업

'요람에서 무덤까지 운명을 맡기는 세상에 부럼 없는 나라'로 선전하는 북한 사진자료

출처: 2015년 12월 27일자 〈노동신문〉

위주의 산업 구조도 경공업과 중공업이 고루 성장하며 소비의 양적 성장을 이루어 내수 시장도 활성화된다. '이밥에 고깃국'으로 대표되는 소박한 바람을 뛰어넘는 경제성장을 기대해볼 수 있다. 일정 수준의 경제 발전이 이뤄지면서 사회 문화 부분의 발전이 따르게 되고 주민의 삶의 질은 자연스럽게 올라간다.

미국을 비롯한 서방 세계의 투자를 유치하면서 핵을 보유하고도 체제 불안에 시달리던 상황과 달리 전쟁 위협은 급격히 낮아진다. '불량국가'에서 '보통국가'로의 이동으로 외교적 지위도 함께 올라가 북한 정권 체제는 안정모드로 전환된다. 인민의 갈급한 생존 욕구는 사라지고 삶의 질이 개선되면서 다원성도 증가하며 인간의 존엄이 존중되는 환경이 만들어진다. 물론 성숙한 민주주

의 국가가 지닌 다양성과는 거리가 멀지만 사유재산의 강화 요구
나 공산당원이 아니어도 일정 부분 사회 진출 희망 등 주민의 요
구도 늘어난다. 체제의 경제적 안정에 자신감이 붙은 북한 정권
은 통합할 힘을 보유하고 있어 사회통합에도 큰 어려움이 없다.

　'세상에 부럼 없어라' 시나리오의 정치체제는 북한 내부적 다원
성 증가로 가치의 다양성이 보장되고 사회 구성원 각각의 인간 존
엄성이 존중되는 보편적 가치가 공유되는 사회다. 이 경우는 1인
독재의 권력분립이 불가피해지므로 민주주의 체제로의 이행 가능
성도 함께 높아진다. 또한 현존하는 정치체제의 안정을 도모하는
경우는 경제 발전만 추구하는 중국, 베트남, 싱가포르식 개발독
재의 모형을 추구할 가능성도 크다. 둘 중 어떠한 경우에도 4차
산업혁명 시대에 건설되는 새로운 교통 체계는 북한의 지역과 지
역, 남북한 그리고 동북아 전체를 이어주는 정치, 경제, 문화의
거점으로 거듭날 가능성이 크다.

　핵무기, 대륙간 탄도 미사일 관련 분야로 제한되었던 기술 개
발도 첨단 산업 분야로의 이전을 시도한다. 또한 외부 투자와 글
로벌 기업의 유치 등으로 경공업 및 IT 분야 등 다양한 분야로 기
술을 확대·축적시킨다. '세상에 부럼 없어라' 시나리오상의 북한
은 남한의 투자와 공동 기술 개발로 인공위성 발사체 분야로의

기술 발전을 꾀하게 된다. 또한 화학무기 개발로 축적된 화학 기
술도 산업 분야로 새로운 응용의 길을 찾아가게 된다.

환경과 자원 분야는 어떤 모습일까? 저렴한 인건비와 직업
숙지 능력이 뛰어난 북한의 노동력을 활용하기 위한 해외 글로
벌 기업의 북한 투자 증가로 인해 경제성장의 속도만큼 발생하
는 환경오염 관리에 주력한다. 청정 개발 체제(Clean Development
Mechanism)를 활용하는 선진국의 온실가스 감축 투자가 늘어나
환경오염 문제를 해결한다. 백두산을 비롯한 국제적 관광명소가
많아 아름다운 북한 지역은 '삼천리금수강산'의 면모를 다시 회복
하며, 동북아의 청정 관리 지역으로 지정되게 된다. 북한의 지하
자원 개발도 활성화된다. 북한 쪽 대륙붕에 매장이 추정되는 원
유 개발은 물론, 희토류와 같은 고부가가치 지하자원의 개발을
통한 경제적 이익이 커진다. 북한의 수입은 더 높아지며 인간의
존엄이 존중되는 사회로서 북한 주민들이 '세상에 부럼 없는' 여
유로운 삶을 향유한다.

시나리오 #2 '배고픈 강성대국'
: 또다른 '고난의 행군'

- 핵 보유로 인한 국제적 고립·제재 유지
- 극도의 경제적 어려움 속 핵·경제 병진 노선을 강조함으로써 체제 위협 극복
- 정권 유지 비용 마련을 위한 통제 시스템 가동으로 시장 활동 위축
- 지속적인 핵 개발로 방사능 오염 증가
- 환경 관리 능력 부재로 자연재해 위험 노출

사회주의 계획경제 시스템의 경직성과 한계를 극복하기 위해 소련은 1986년 27차 공산당 대회에서 페레스트로이카(개혁 정책)를 채택했고, 이를 동유럽 공산주의 국가들이 수용했다. 그리고 같은 해 베트남은 도이모이(쇄신)를 통해 외자 유치와 기술 도입을 준비했다. 일찍이 개혁 개방을 실행한 중국에 이어 사회주의 국가들이 자본주의 경제 시스템 도입을 시도한 것이다. 이에 비해 북한은 같은 해 최고인민회의 제8기 제1차회의에서 '사회주의 완전한 승리를 위하여'라는 김일성 연설을 통해 기존의 경제 시스템을 지속할 것을 선언했다.◎ 당시 덩샤오핑이 중국을 '사회주의 초급 단계'로 규정한 데 비해 김일성은 북한을 '사회주의 완성 단계가 눈앞에' 보이듯이 표현했는데 이는 북한의 현실 인식이 얼마나 뒤떨어졌는지를 보여주는 대목이다.

◎ 김일성, 《사회주의 완전한 승리를 위하여》 1986. 12. 30. 조선노동당출판사, 1986. p. 1.

　그 이후 사회주의 국가들이 획일적인 정치체제와 개방경제의 충돌로 이념적 한계에 직면하여 붕괴됨으로써 국제적 냉전은 종결되었다. 한편, 중국은 천안문 사태를 경험하면서 혼란 상태에 빠져 있었고, 1991년에는 소련이 극적으로 해체된다. 이로써 북한은 국제적으로 고립무원의 상태에 놓이게 되었다. 북한 체제가 받은 충격은 주체사상 정통성의 재해석과 권력 기반 강화, 방위력 강화에 주력하는 동기가 되었다. 특히 공산주의 진영 안에서 유무상통의 원칙하에 지원받던 '사회주의 시장'의 상실에는 아무런 대응책이 없었다.

　게다가 1990년대에 지속된 수해 피해와 극심한 흉년으로 북한은 '고난의 행군'이라 불리는 식량 위기를 맞아 수십만 명의 아사자가 발생하는 등 체제의 위기 상황을 맞았다.◎ 그럼에도 당시 최고 통치자 김정일은 '경제 개방인가, 핵 개발인가?'라는 선택의 기로에서 핵 개발을 선택했다. 다른 국가라면 체제 전복의 위기를 맞닥뜨렸을 만큼의 경제적 어려움에도 김정일은 선군 정치와 '강성대국'을 부르짖으며 체제 위기를 돌파해나갔다. '강성대국'은 1998년 북한에 등장한 정치 지향적 개념이다. 북한이 말하

◎ 1995년에서 1998년까지 '고난의 행군' 시기에 아사한 북한 주민에 대한 정확한 수치는 밝혀지지 않았다. 북한이 발표하지 않은 이유도 있고 북한의 거부로 국제사회의 현장검증이 불가능했기 때문이다. 당시 '고난의 행군'의 현실을 직접 체험했던 고 황장엽은 아사자를 300만 명으로 추정했으나 UN은 40만 명으로 파악하고 있다.

2014년 발행된 '쌀은 곧 사회주의'라는 문구가 적힌 북한 우표

는 '강성대국'이란 "사상의 강국을 만드는 것부터 시작하여 군대
를 혁명의 기둥으로 튼튼히 세우고, 그 위력으로 경제 건설의 눈
부신 비약을 일으키는 것이 주체적인 강성대국 건설방식"(〈노동
신문〉 1998년 8월 22일)이다. 즉 사상과 군사 강국을 목표로 설정한
강성대국의 꿈은 먹는 문제와 경제 발전을 차선책으로 미룬 속
빈 강정과도 같았다. 이 개념이 바로 '배고픈 강성대국'이다. 앞
서 언급했듯이 "쌀은 곧 사회주의" 이념만큼이나 중요시해왔지
만 인민의 먹는 문제는 아직도 해결하지 못한 실정이다.

북한의 강성대국 전략은 2012년 김일성 생일 100주년에 맞추
어 "강성대국의 대문을 열자."라고 호소하면서 구체화되었다. 북

한의 기준에 따르면 국력은 정치, 경제, 군사 부분으로 측정된다. 그런 의미에서 북한은 '일심단결'의 정치 사회화를 이루었으므로 정치 강국이며, 핵미사일의 비대칭 전력을 자체 기술로 개발하고 있으므로 곧 군사 강국이 되는 셈이다. 따라서 경제 발전을 이루어 경제 강국의 지위만 확보했다면, 비록 자의적이긴 하지만 북한이 목표했던 2012년 강성대국의 대문이 열릴 수 있었을지 모른다. 그러나 실제로 북한은 체제 안정성을 높이기 위한 핵 개발 선택으로 말미암아 미국을 비롯한 주변 국가로부터의 고립을 자초했다. 그사이에 북한의 핵 개발은 완성 수준으로 끌어올려졌지만, 중국과의 제한적인 무역 거래만으로는 의미 있는 경제성장을 기대하기란 어려웠다.

북한이 미사일 개발의 최고 수준이라고 자부했던 '화성 15형' 대륙간 탄도 미사일은 미국 본토 타격이 가능한 정도의 사거리 증가와 탄두 중량 확대의 측면에서 기술적 진전을 이루었다. 하지만 최종 완성 단계인 대기권 재진입 실험을 남겨두고 '핵무기 완성'을 선언했다. 이는 북한식 '평화', 즉 체제 유지(안보와 경제)에 대한 조급함 때문으로 평가된다. 그러는 사이에 국제사회의 제재 조치는 가중되었고, 여기에 중국까지 북한 경제제재에 동참하면서 2017년 중국과의 수출입 금액이 전년 대비 35% 가까이

급락했다. 더군다나 중국과의 밀무역 단속이 강화됨으로써 장마
당 경제도 크게 위축되었다.

'배고픈 강성대국' 시나리오상의 북한은 핵을 포기하지 않아 국
제적 고립으로 극도의 경제적 어려움에 처하게 된다. 민생은 파
탄 지경에 이르지만 국가체제는 비교적 안정성을 유지한다. 김정
일은 '고난의 행군' 시기에 선군 정치 기치를 내걸고 군을 전면에
내세워 극복했다. 김정은도 권력에 부담이 되는 인사의 대대적인
숙청과 고위 권력층의 교체를 통해 지배력을 강화하고 핵·경제
병진 노선을 강조해 체제 위협을 극복해나간다. 핵미사일 개발로
전쟁 위기는 고조된 상태를 유지하는데, 이는 북한 내부 결속의
명분으로 작용한다.

세월이 흐를수록 정권의 유지 비용을 충당하기 어려운 김정은
정권은 사회적 통제 시스템을 수탈 체계로 전환하며, 이로 인해
주민들의 시장 활동이 위축된다. 결국 집권 초기에 "인민들이 다
시는 허리띠를 졸라매지 않도록 하겠다."고 장담하던 김정은의
공약도 김일성, 김정일과 마찬가지로 공허한 약속으로 평가된다.
강력한 공포 앞에 체제의 도전자는 존재하지 않지만 내부적으로
주민들의 사기와 자생력은 더욱 저하된다. 사회 문화 측면에서
핵미사일에 대한 주민들의 환상은 체제에 대한 자긍심을 고취시

키나, 세습 의식에서 벗어나지 못한 채 사회적 갈등과 모순에 순응케 한다. 경제 발전이 부진하기 때문에 당을 비롯한 말단 조직 체계는 인민을 강하게 구속해 집단주의 공동체 유지에 주력한다.

지속적인 핵 개발에 따른 방사능 오염의 위험도 계속 증가한다. 국제 경제제재의 지속으로 국내 에너지 문제가 심각해지고 벌목의 가중으로 민둥산이 증가하며 그로 인해 수해가 반복된다. 정통성이 결여된 정권이 약점을 보완하기 위해 백두산 일대를 개발해 관광 및 혁명 전통의 뿌리 깊은 유적지로 미화하지만 관리 능력의 부재로 극단적 자연재해의 위험에 지속적으로 노출된다. 특히 백두산 근처에서 이루어지는 핵실험의 영향으로 백두산의 화산 폭발 위험도가 증가하고 이어 중국에서 몰려오는 황사라는 환경오염에 방치된다.

서해상에서 벌어지는 중국 어선의 불법 조업을 적극적으로 대응하지 못해 어족 자원은 고갈 위기에 처한다. 지하자원 측면에서는 막대한 지하자원을 개발할 여력이 없고 일부 채굴한 지하자원은 국제 제재로 수출길이 막혀 북한 경제 발전에 그다지 기여하지 못할 뿐더러, 인민 생활에도 영향을 미치지 못한다. 기술 분야에서 북한은 핵무기와 대륙간 탄도 미사일 관련 분야로만 국지

적으로 발전하고 중공업을 포함해 경공업 분야나 IT 분야 등의
기술은 발전하지 못한다.

시나리오 #3 '찢어진 모기장'
: 경제적 성장, 통제되지 않은 나라

- 장마당을 중심으로 자본주의적 속성 증가
- 빈부 격차 심화로 인한 통합력 약화
- 지하자원 개발을 시도하나 개발이익을 착취당함
- 서서히 진행되는 환경오염 누적·악화

인권 문제는 북한이 지닌 가장 치명적인 약점이다. 이 문
제는 최근의 남북 대화 분위기와 북미 대화에도 불구하고 북한
정권과 체제 유지라는 거래 조건에 잠재적 위협 요소가 된다. 인
권 문제가 공론화되고 북한 정권에 그 해법을 요구하는 순간부터
북한 정권은 이를 내정간섭으로 간주할 것이다.[◎] 따라서 북한 체
제 안정에 있어서 인권 문제는 본질이자 뇌관이 될 가능성이 크
다. 과거 김정일 정권이 제네바 핵 합의 파기와 NPT 탈퇴와 같
은 강수를 두었듯이 김정은 정권이 다시 핵을 붙들고 체제 유지
에 급급할 가능성 또한 전혀 배제할 수는 없다. 그러한 상황에서

◎ 실제로 북한과 러시아(소련), 북한과 중국 간의 조약에 군사적 지원과 함께 내정불간섭 조항이 명
문화되어 있다.

도 북한의 내수가 시장을 중심으로 성장하는 상황을 전제해 우리는 '찢어진 모기장' 시나리오로 명명한다.

원래 '모기장'은 중국의 천안문 사태가 일어난 직후 김일성이 노동당 중앙위원회 제6기 제16차 전원회의에서 처음으로 언급했던 용어이다. 김일성은 개방정책을 수용한 후 동유럽 국가들에서 연이어 일어나는 혼란스러운 사태들과 천안문 사태에서 청년들이 권리를 요구하며 거리로 뛰쳐나가 공산당에 도전하는 모습을 보면서 충격을 받았다. 그뿐만 아니라 한국의 1988년 서울 올림픽의 성공과 눈부신 경제성장, 국제적 위상을 보면서 국내의 경제적 어려움으로 개방을 검토했으나, 전 세계적인 '자유화'의 물결이 북한 내에 스며들 것을 우려해 제한적 개방을 암시하는 의미에서 '모기장'을 언급했다.◎

김일성은 "문제는 문을 어떻게 열어놓는가 하는 데 달려 있다. (중략) 아무런 고려도 없이 문을 망탕(막) 열어놓으면 모기와 쉬파리가 날아들어와 피해를 입을 수 있다. 우리는 다른 나라들과 교류도 하고 합영(합작)도 하되 모기와 쉬파리가 들어오지 못하게 모기장을 쳐야 한다."◎라고 말해 경제 개방과 체제 유지의 한계를 드러냈다. 체제 유지에 경제 개방이 필수적임에도 개방 후 '자

◎ 최경희, "동유럽·소련의 사회주의 체제의 붕괴와 북한", 《아시아 지역 문화 연구》 제6호, 도쿄대학, 2010, pp. 40~41.

유화'가 수령 중심의 유일사상 체계에 미칠 위협과 그로 인한 지배력 상실을 우려하고 있었다. 그 이후부터 김정일 역시 체제에 위기가 닥칠 때마다 '모기장'론을 강조했다. 김정일은 나라 형편이 어려운 조건에서 "부르죠아 사상문화적 독소(자유화 바람)가 우리 내부에 침투하지 못하게 모기장을 든든히 쳐야 하며 모기장에 구멍이 나지 않게 실제적이며 조직적인 대책을 철저히 세워야 한다."[◎]며 내부에 미국과 남한을 비롯한 자본주의 '자유화 바람'이 들어오지 않도록 경계할 것을 늘 강조해왔다. 북한 정권에 '모기장'은 인간의 본능인 생존의 욕구를 억제하고 자유를 차단하여 체제를 유지하려는 권력수단으로 인식되었다.

그러나 이러한 '모기장'론에도 불구하고 북한 내부의 시장화는 점점 더 확산되고, 이는 정보화의 확산으로 이어져 외부 세계에 대한 지적 호기심을 자극하고 있다.[◎] 이러한 현상은 김정은 시대에 들어 빠른 변화를 재촉하고 있다. 김정은은 남북한 관계 개선과

◎ 김일성, "일군들의 혁명성, 당성, 로동계급성, 인민성을 높여 당의 경공업혁명 방침을 관철하자" 1989. 6. 7.~6. 9. 《김일성 전집》 제88권, 조선로동당출판사, 2010. p. 211.
◎ 김정일, 《우리식 사회주의를 견결히 옹호 보위하는 참다운 사회안전 일군들을 키워내자》, 1992. 11. 20. 조선로동당출판사, 1993. p. 6.
◎ 한국 통계청 자료에 따르면 김정은 시대에 들어 정보 통신 기기 보급률은 과거에 비해 큰 폭으로 확대되었다. 2016년 북한에 보급된 손전화(휴대전화)는 360만 대(인구 100명 중 14.46명)에 이르며 전년도에 비해 11% 증가했고, 2018년 현재 500만 대로 추정된다. 이는 2,490만으로 추정되는 인구를 감안할 때 4.9명당 1대에 해당하는 숫자다. 이러한 시장화와 정보화 확산은 북한 내부적 사회 변화를 재촉하고 있다.

제국주의자들이 떠드는 사상의 《자유》는 기만이다

자유화를 거부하는 북한의 입장

출처: 2017년 11월 25일자 〈노동신문〉

중국과의 경제 교류를 토대로 해외의 투자 유치를 목표하고 있으며, 이에 따라 외자 유치가 실현되어 북한의 경제 발전에 가시적인 청신호가 켜졌다. 북한이 2015년 8월 남한과 공유하던 표준시에서 벗어나 '평양 시간'을 새로 제정해 사용하다가 2018년 5월부터 3년 만에 다시 원래의 시간으로 돌아왔던 것도 남북한 교류와 국제사회에 보조를 맞추려는 노력의 일환이다. 김정은은 변화의 속도를 조절하며 진두에서 이끌어야 할 큰 과제에 직면해 있는 상황이다. 시장화와 정보화가 확대되고 진화되면 모기장은 자연히 찢어질 것이며 정권의 통제력은 약화된다.

'찢어진 모기장' 시나리오에서 경제 발전은 노동당이 아닌 장마당을 중심으로 철저하게 민간 단위에서 움직인다. 시장이 형성되고 재화가 거래되면서 돈이 돌게 되면 사람들은 변하기 시작한다. 소규모 자본이 형성되고 사유재산에 대한 요구가 생긴다. 국가 차원의 경제 개발을 주장하는 사회주의 국가에서 민간 자본의 형성은 국가 통제력의 약화를 불러온다. 그 단적인 예가 김정은의 '사회주의 기업 관리 책임제'라고 볼 수 있다. 기업 관리 책임제란 개인으로 확산되던 창작, 경제 활동들을 기업소에 묶어놓고 각 기업소별로 자율성을 확보하자는 것이다. 지나치게 많은 개인에게 자율성을 줄 수는 없으니 그룹을 만들어 통제하고 돈을 거둬들인다. 북한은 이것을 자기들만의 경제 관리 방법이라고 선전한다.

중앙 특구나 지역 개발구 같은 것은 국가가 책임지고 유통, 산업, 건설은 개인에게 맡기는 방법이다. 소유권은 없지만 개인에게 어느 정도 권한을 주는 것이다. 임대처럼 몇 년간 계약하고 개인이 관리하는 권한을 부여받는다. 그 사람들이 또 세를 내준다. 소유권을 비공식적으로 인정하는 셈이다. 돈주들, 신흥 부자들은 버스나 택시를 사서 회사를 만들고 운영하면서 운송사업으로 돈을 챙기고 정부의 힘을 몰아낸다. 북한의 시장은 스스로 문을 열지 않았으니 더디게 간다. 하지만 늦게 배운 도둑이 날 새는 줄 모른다는 우리 속담이 있듯이 돈맛을 알게 된 장마당을 중심으로 자본주의적 속성이 증가하고 그 부작용으로 빈부 격차는 더 심해진다. 경제적 혜택은 사유화나 시장경제의 맛을 본 소수만이 입는다. 거시경제 수치는 개선되지만 인민들은 부글부글 끓는 상황이 '찢어진 모기장'의 북한 현실이다. 별다른 대책 없이 민간 중심의 경제성장을 방치한 국가는 시장의 포로가 될 여지를 남긴다.

통합 측면에서 모두 가난할 때와 일부만 잘살 때의 상황은 매우 다르다. 오히려 일부만 잘사는 상황이 다수의 인민을 상대적으로 힘들게 할 수 있어서 인민 대중의 통합 수준이 낮아진다. 또한 낮은 단계이지만 경제력의 상승으로 다양한 문화를 소비하면서 내부 세계와 외부 세계를 비교하기 시작한다. 여기에 과거사 재평가와 북한 정권의 지배 이념인 주체사상에 대한 재평가가 일어날 가능성도 충분하다. 북한 체제 전반에 걸친 불만 증가는 정권의 안정성을 흔들 수 있다. 인민 대중의 통합 정도가 낮아지고 정권 안정성도 떨어져 통합 지수가 낮은 단계이다. 개인의 이기적 목적이 중시되면서 정권 주도의 결집력이 약화되고 평양과 지방의 빈부 격차가 심각한 수준에 이르게 되면서 전국적 범위의 지방 세력화가 형성된다.

기술적 측면에서는 핵무기, ICBM 위주의 기술 성장에서 벗어나 민간 단위의 요구를 받아들임으로써 새로운 분야에서 기술 발전을 꾀한다. 북한은 기초과학과 원천 기술을 개발하는 능력은 상당하나 응용 능력은 떨어진다. 일례로 음성 인식 소프트웨어의 경우 평양말만 인식하고 서울말은 전혀 인식하지 못한다. 하지만 민간 시장 규모가 커지고 수요가 생기면 응용 능력도 상당 부분 증가하게 되는 법이다. '찢어진 모기장'에 의해 과학기술 분야에 대한 북한 정부의 컨트롤 능력이 약화되어 개인의 영향하에서 운영될 것이며, 국가가 독점했던 핵 기술과 ICBM의 첨단 기술이 해외로 유출되는 일을 막지 못하게 된다.

환경 분야에서는 어떤 변화가 일어날까? 외국 자본이 유입되지 않고 내부 성장에 국한된 경제 발전은 심각한 환경 문제를 야기하지 않는다. 하지만 장마당을 통한 생필품의 보급과 소비가 증가함에 따라 생활 폐수와 같은 환경오염이 가중된다. 기초 생활 관련 인프라 부족을 해결할 자본과 국가적 차원의 사회간접자본이 없는 상황에서 이러한 현상은 가랑비에 옷 젖듯 환경오염을 누적시킨다. 환경오염을 방치하면서 남한에도 안 좋은 영향을 주게 된다.

자원 분야에서는 민간 차원의 경제성장으로 일정 자본이 축적되면서, 국가는 희소성과 부가가치가 높은 지하자원을 위주로 개발한다. 국제 경제제재에도 거래가 가능한 자원 위주로 개발 가능성을 찾는다. 이러한 지하자원의 개발 가능성은 민간 차원에서 형성된 자본을 활용해 찾는 것으로, 자원 개발 권한에 대한 국가와 민간의 소유 갈등과 이익 분배에 따른 갈등이 생기게 된다. 지하자원을 정권과 체제 유지를 위한 자금처로 활용하게 되면 결국 막대한 자원을 소유하고도 개발이익 대부분이 해외로 유출되고 인민은 빈곤에 허덕이는 역설적 상황을 초래한다. 특히 민간이 중국의 지원을 등에 업고 자원을 독점하는 북한 정권과 충돌할 가능성이 높다.

시나리오 #4 '백전백패 조선로동당'
: 실패한 최악의 왕조

- 정권 안정성 약화 및 사회적 갈등 심화
- 높아지는 쿠데타 가능성
- 대량 살상무기 유출 위험도 상승
- 산림 자원과 어족 자원의 황폐화
- 자연재해 대응력 취약

북한이 당면할 수 있는 최악의 시나리오로 남한의 '곡성' 시나리오와 같은 3사분면에 위치한다. 가장 최악의 상황을 가정하는 시나리오이고, 북한의 2사분면의 '배고픈 강성대국'이나 4사분면의 '찢어진 모기장' 시나리오에서 1사분면의 '세상에 부럼 없어라' 시나리오로 국면 전환에 실패한다면 '백전백패 조선로동당'이라는 최악의 시나리오로 갈 수밖에 없다. 핵 개발과 국제적 고립, 그로 인한 경제적 어려움이 극한으로 치닫게 되어도 노동당의 영도를 백전백승이라 할 수 있을까? 지속되는 경제적 어려움으로 민심이 이반하는 상황을 '백전백패 조선로동당'으로 명명했다.

1975년에 창작된 가요 '백전백승 조선로동당'◎에서는 김일성이 창건하고 이끄는 노동당의 불패성과 위대성을 노래하고 있다. '노동당은 곧 김일성이고 당은 김일성이다.'라는 내용을 중심으로 창작된 이 가요는 온 사회에 일반화되어 노동당의 결정과 영도적 능력에 자연스럽게 백전백승 수식어가 따라붙게 했다. 그리고 2000년 10월 노동당 창건 55주년을 기념하며 평양에서 개최된 매스게임을 통해 '백전백승 조선로동당'은 북한의 대표 예술로 대내외에 자리매김하게 되었다.

2016년 5월에 열렸던 7차 당대회 연설에서 김정은은 "조선로동당의 창건자 건설자이시며 백전백승 조선로동당의 강대성의

◎ 〈1절〉 백두밀림 피 어린 길 헤쳐오시며/ 위대하신 수령님 창건하셨네/ 조선노동당 김일성 동지의 당/ 백전백승 빛나는 영광을 떨친다 〈2절〉 수령님은 우리 당 당은 수령님/ 만민들의 심장에 영원한 이름/ 조선로동당 김일성 동지의 당/ 주체시대 새 역사 누리에 펼친다 〈3절〉 반제반미 투쟁의 횃불을 들고/ 폭풍 속을 뚫고 가는 혁명의 참모부/ 조선로동당 김일성 동지의 당/ 공산주의 새봄을 앞당겨나간다.

1995년 10월 9일에 제막된 백전백승의 상징 '당 창건 기념탑'

상징이시며 우리 당과 인민의 영원한 수령들이신 위대한 김일성 동지와 위대한 김정일 동지께 가장 숭고한 경의와 최대의 영광을 드린다."고 경의를 표했다. 이는 김일성이 창건하고 김정일이 발전시켜온 노동당의 기치를 김정은이 이어받았고, 오늘날의 당은 김정은으로 표현되는 것을 의미한다. 따라서 당의 영도가 백전백패인 경우는 곧 체제 붕괴를 뜻하게 되는 것이다.

'백전백패 조선로동당'은 북한 정권의 안정성이 떨어지고 인민들을 통합할 수 없는 단계로서 핵 보유 및 개발로 인해 국제 제재가 지속되어 극단의 경제난을 겪는 상황이다. 그동안 최소한으로 이루어지던 중국 국경 중심의 밀무역이 통제되고 친북 · 반미 성

향의 국가들과의 무역 거래도 해상봉쇄로 완전 고립되어 장마당
도 그 힘을 잃게 된다. 북한 정권은 '제2 고난의 행군'을 선언하지
만 극단적 경제 상황으로 민심이 이반해 효과적으로 통제되지 않
는다. 여기에 기존 장마당을 통해 형성된 민간 차원의 자본가들
은 어려운 경제 환경에서 극단적 이익을 추구해 사회 갈등이 고
조된다. 고려 말 왕권의 쇠락으로 국가가 통제력을 잃고 권문세
족들의 극심한 수탈로 인해 민생이 파탄되는 상황과 비슷하다.

2009년 11월 30일 단행된 화폐 교환 조치를 한번 살펴보자.
북한은 같은 해 5월부터 '150일 전투'와 '100일 전투'라는 대중
운동을 연이어 전개해 국가 경제를 총합하고 정치적 결속을 다지
는 데 주력했다. 그 결과 소정의 성과를 볼 수 있었던 북한 정권
은 11월 화폐 교환을 단행했다. 1가구당 10만 북한원을 1/100의
가치로 교환해주고, 환율을 단일화하는 조치였다. 대신 노동자들
의 임금은 예전과 같은 수준으로 지급함으로써 실질적으로 노동
자들의 임금을 100배 인상시킨 셈이 되었다. 그러나 이러한 화폐
교환 조치는 결국 실패로 끝났다. 이 사건으로 인해 평양시 인민
반장들을 한곳에 모아놓고 내각 총리가 공개 사과하는 일까지 발
생했고, 화폐개혁을 추진했던 실무 책임자 박남기 당 재정부장이
공개 처형을 당하면서 사건이 일단락되었다.

이러한 해프닝은 두 차례의 대중운동을 거치면서 경제 상황을 정확하게 파악하고 정비했다는 판단 착오에서 비롯된 것이다. 밑으로부터 거짓 보고가 올라오고 이를 기반으로 화폐 교환 조치를 취했기 때문이다. 화폐 교환의 실패 사례로부터 알 수 있듯이 시장화 확산에 뒤쫓아가는 정책적 조치에 주민들의 불만의 목소리가 생겼다. 화폐 교환은 시장에서 탄생한 신흥 부유층(이른바 '돈주'라 부름)의 힘을 빼려는 시도였으나 오히려 무고한 주민에게 막대한 피해를 주어 정권의 신뢰만 떨어지는 결과를 초래했다. 화폐 개혁은 2008년 김정일의 건강 악화로 김정은이 내적으로 시행했던 첫 정책이었다. 신흥 부유층은 여전히 기존의 계급 및 계층 구조를 분화시키고 권력과 결탁하며 영향력의 확대를 꿈꾸고 있다. 노동당이 결정 과정에서 시장의 영향력을 과소평가했던 결과, 화폐 교환 조치는 패배의 노동당 정책으로 기록되었다. 이러한 현상이 지속되면 정권의 통제에 의해 개인 경제는 최소한의 소비 여력도 잃고 생계에 큰 타격을 입는다. 장마당을 통해 형성된 극소수의 자본가와 권력자만이 향락을 누리는 시나리오다.

정권 안정성은 그나마 '배고픈 강성대국'이 모두가 배고프고 나만 어려운 게 아니라는 공유 의식이 있어 사회통제가 가능했다면, '백전백패 조선노동당' 시나리오상에서는 일부 자본가와 권력가를

제외하고 절대 다수가 생존의 극단적 위기를 겪으면서 정권 안정
성이 크게 약화된다. 또한 '찢어진 모기장' 시나리오에서 도출되었
던 민간 자본 중심의 경제성장으로 국가 통제력이 약화되고, 민간
차원의 다양성 증가로 사회 갈등이 심해지고 통합이 악화되는 단
계로 전이된 상황이다.

사회 문화적 측면에서는 북한 내부의 쿠데타 가능성과 밑으로
부터의 혁명 가능성도 높아진다. 역사적으로 자연재해로 인한 극
심한 기근과 전주들의 횡포를 국가 권력이 적절하게 통제하지 못
하는 경우에 민란이 발생하는 사례가 많았다. 경제성장률이 떨어
진 상태에서 '백전백패 조선로동당' 시나리오로 이전되는 경우,
절대적 빈곤보다 위험한 상대적 박탈감이 강하게 형성된다. 장
마당을 통해 형성된 자본가와 권력자에 대한 강한 거부감으로 더
큰 민란이 발생할 소지도 높은 상황이다.

북한의 혼란스러운 상황을 가정해 흡수 통일이라는 화두가 남
한 사회를 지배한 시기가 있었다. 하지만 북한의 체제 위기가 반
드시 남한에게만 흡수 통일의 기회라고 할 수 있을지는 불투명하
다. 북한에 상존하는 핵무기와 ICBM을 그냥 방치할 수 있을까?
북한 정권에서 완전히 장악하고 통제하고 있는 대량 살상용 무

기는 정권의 통제력이 상대적으로 약화될 경우 유출 위험이 커지며, 주변국의 개입 가능성을 높인다. 이 시나리오는 남한의 '곡성'과 같이 외부에서 볼 때 전쟁 발발 가능성이 제일 높은 단계다.

이 시나리오에서 환경 문제는 정권의 통제력 약화와 경제 악화에 따라 인민이 생존을 위한 사투를 벌이면서 산림 자원과 연근해 어족 자원의 황폐화 형태로 일어난다. 또한 국가 통제력이 약한 상태에서 발생하는 자연재해는 여느 때보다 피해가 크다. 제대로 통제 관리되지 않는 핵 관련 물질의 방사능 누출 위험과 화학 무기의 관리 소홀 및 누수는 심각한 인명 피해를 야기할 수 있어서 이 시나리오만은 막아야 한다.

PART 04

시나리오
남한×북한

남과 북 각각 네 가지 사분면의
시나리오가 하나로 만난다.
10년 후 한반도라는 무대에서
남과 북은 서로가 서로에게 주연이다.

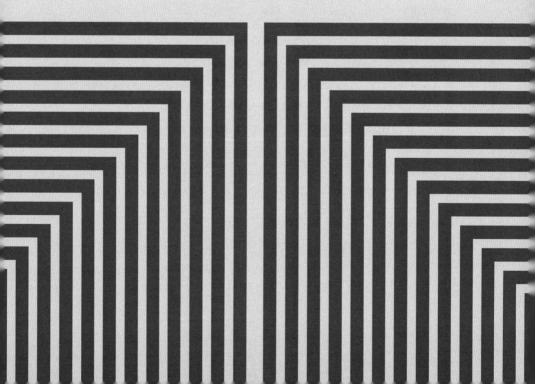

한반도를 둘러싼 숨 가쁜 경우의 수

남한과 북한의 시나리오를 어떻게 합치는 것이 좋을까?
통일이나 전쟁과 같은 극단적 상황을 염두에 두는 순간 가치판단
이 개입된다. 통일을 생각하는 순간 남한과 북한 상황에 대한 객
관적 근거가 아닌 감정적 포용이나 거부가 나타나기 때문이다.
그러나 우리는 감정의 거품을 빼고 앞에서 전망한 남한의 시나
리오, 북한의 시나리오를 한자리에 모아놓고 이들이 만든 16가
지의 조합을 그려보기로 했다. 또 각 조합에서 남과 북이 서로에
게 미치는 영향에 대해서도 분석해보기로 했다. 서두르지 않고,
남한이 사회적 통합과 경제적 성장이 긍정적 방향인 '명량'일 때,
북한이 '세상에 부럼 없어라', '배고픈 강성대국', '백전백패 조선

로동당', '찢어진 모기장'일 경우를 각각 대입해서 시나리오를 하나하나 차분히 펼쳐보았다. 다시 남한의 '국제시장', '곡성', '내부자들' 순서대로 북한의 시나리오를 접목시켜나갔다. 그렇게 16개 시나리오를 펼쳐보았다. 각 시나리오는 남과 북 각각의 시나리오와 같이 사회통합과 경제성장 지표를 Y축과 X축으로 한다. 새로운 통합 시나리오의 각 사분면에서는 정치, 경제, 사회통합, 기술, 자원, 환경 주요 동인(변수)별로 정리했다. 각 시나리오별 주요 동인들이 어떻게 작동하고 서로 영향을 주고받는지도 함께 고민했다. 이 과정은 이 책의 마지막에서 짧게 다룰 것이다.

남과 북은 단순한 이웃 국가나 적대 국가로만 설명하기 어렵다. 2018년 4월 판문점 선언에는 '민족'이라는 단어가 10번이나 나온다. 남북한 문제는 '민족'적 개념을 빼놓고는 설명이 되지 않는다. 한반도라는 하나의 공간에는 한민족이 함께 살아가고 있다. 서로 다른 체제로 분단되어 있기 때문에 정치, 경제, 사회통합, 환경, 기술 등 시나리오 동인들도 다르게 작용한다. 16개 새로운 남북 시나리오는 서로 아무런 규칙도 의미도 없을 수 있다. 다만 16개 시나리오 각각에 집중하고 정렬 순서를 고민해보기로 했다. 단순한 시나리오 나열 속에서 한반도 평화, 번영을 위한 실낱같은 방향성이라도 찾을 수 있지 않을까 생각해보았다. 이 16개 시나리오는 남북

통합 시나리오로 가는 디딤돌이 될 것이다.

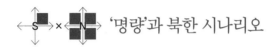 '명량'과 북한 시나리오

번영된 남한, 북한 변수를 풀어내다

'명량'의 남한은 경제적인 성장과 함께 사회통합을 달성한 바람직한 모습이다. 사회 전체와 구성원 각자가 더 잘살고 같이 잘사는 사회라 할 수 있다. 정치적으로도 갈등과 파괴에서 타협과 조화의 방향으로 전환된다. 남한의 '명량' 시나리오 바탕 위

남한 시나리오와 북한 시나리오 조합이 만들어내는 16가지 시나리오

	명량	국제시장
세상에 부럼 없어라	남북 화해 협력	남북 경제협력 시도
배고픈 강성대국	남한 주도 흡수 통합	각자도생, 남북 대치 장기화
백전백패 조선로동당	탈북 급증 우발적 전쟁 가능성	흡수 통일 여론 증가
찢어진 모기장	북한 내부 분열 심화 남한 포용 정치	낮은 단계의 충돌과 교류

북한 시나리오

에 북한의 4가지 시나리오를 하나씩 검토해보면 어떤 시나리오
가 만들어질까.

이 시나리오는 북한이 리스크를 안고 있다고 하더라도 남한
주도로 한반도의 안정과 성장을 이끌어가는 시나리오다. 다만 남
한이 북한 리스크를 감당할 정도로 경제력이 있고 사회통합이 되
어 있어야 가능하다.

'명량'×'세상에 부럼 없어라'_ 남북 화해 협력

남과 북이 안정된 평화의 시대를 맞이한다. 핵을 포기한
북한은 IMF 투자나 미국의 민간 자원을 받아 살림살이도 기지개

→ 남한 시나리오

곡성	내부자들
남북 경협 시도 남한 국론 분열 장기화	북한 체제 자신감 남한 내부 분열 증폭
북한의 고립과 남북의 대립	남북 긴장 심화 신뢰 부재
최악의 상황에서 달리는 평행선	극한 남북 대립 남북 대외 의존 심화
지하경제의 성장과 거상의 등장	외세에 흔들리는 한반도

를 편다. 북한의 경제성장률도 고공행진 중이다. 2018년 여러 차
례에 걸쳐 남북 정상회담이 벌어지던 그때의 평화에 대한 부푼
희망이 현실로 이루어진 세상이다. 남과 북의 힘이 모인 외교력
도 더욱 강화된다. 통일된 언어를 바탕으로 문화 교류는 물론 문
화 산업도 폭발적인 성장을 이룩한다. 북한 경제는 남한의 힘이
더해져 더욱 활성화된다. 낙후된 사회기간망도 남한의 기술력을
통해 몰라보게 개선된다. 높은 수준의 북한 군사 기술이 산업 기
술로 전환됨에 따라 항공 우주 산업 등의 성장 또한 가파르다. 중
국발 미세먼지나 백두산 화산 폭발 등에 대한 환경 이슈 또한 남
과 북이 공조를 통해 슬기롭게 대응해나간다. 남북한 모두 협력
을 통해 번영하는 시나리오다.

'명랑'×'배고픈 강성대국'_ 남한 주도의 흡수 통일 가능성 제기

핵 협상 불발의 결과로 북한은 더욱 강한 핵 개발 노선을
고수한다. 극심한 가난으로 북한 인민은 생존의 위기에 몰리고
북한 권력은 내부 불만을 외부로 돌리기 위해 휴전선 등에서 국
지적 도발을 벌인다. 미사일 도발은 여전하고 남북 긴장은 물론
국제적 긴장 상태가 고조된다. 북한 경제는 그나마 생명줄 역할
을 해왔던 장마당 경제까지 쇠퇴하여 파탄 지경에 이른다. 탈북
민도 급격히 증가한다. 북한의 에너지 부족으로 삼림 자원이 고

갈되고 이로 인해 홍수도 잦아진다. 남한 경제는 어느 정도 성장하고 있지만 북한 도발 가능성으로 코리아 디스카운트 상태에 이른다. 대화 채널 부재로 환경 문제에 대한 공동대응도 쉽지 않다. 이 시나리오는 북한 붕괴 가능성으로 남한 주도의 흡수 통일 가능성을 높인다.

'명랑'×'백전백패 조선로동당' _ 탈북 급증, 우발적 전쟁 가능성 증가

북핵 위기로 인해 고립이 증가됨에 따라 북한은 민생고에 시달리는 내부 불만이 폭증하고 내부 통제도 어려운 상황이다. 남한은 흡수 통일에 대한 논의가 활발해지고 남북 공동 번영을 위한 한국판 뉴딜 정책까지 준비한다. 탈북 주민의 증가로 남한 내 갈등이 증가한다. 대량 유입된 탈북민 중 일부는 남한 사회 적응 실패로 새로운 사회문제를 야기하고, 마약, 사기, 매춘, 폭력과 같은 불법적 수단으로 돈을 버는 일이 증가한다. 다만 탈북민의 남한 노동 시장 유입으로 저출산으로 경제적 활력이 필요했던 남한은 높은 수준의 경제성장을 달성한다. 북한의 장마당 경제는 말 그대로 파탄 상태에 빠진다. 북한은 생존 차원에서 핵미사일 기술을 국제 테러집단에 판매하려 시도한다. 환경 문제는 남북 공동 대응이 더욱 힘들어진 상황이다.

'명랑'ב' x '찢어진 모기장'_ 북한 내부분열 심화, 남한은 포용정치

북한의 국가 주도 계획경제는 실패하고 장마당을 통한 민간 자본이 늘어나면서 국가 통제력도 약화된다. 돈을 손에 쥐는 사람이 늘어나면서 빈부 격차도 커진다. 북한의 민간 자본은 정권 핵심층과 유착되어 부정부패가 만연한다. 북한 권력은 이를 강제로 통제하기 위해 반체제 인사 숙청 등 공포정치를 시도한다. 남한은 북한의 정권 교체 가능성을 염두에 둔 시나리오를 준비한다. 남한 경제는 고도 성장 중이고 북한 경제는 민간 단위에서 성장을 견인하며 국경 중심의 밀무역이 성행한다. 남한은 북한의 핵미사일 전문 기술자를 유입시켜 관리하는 정책을 추진한다. 환경 관리는 조금 어려운 상황이지만 대규모 재해에 대한 국제 공조 가능성은 열려 있다.

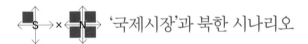 '국제시장'과 북한 시나리오

어렵지만, 북한 변수로 흔들리지 않는 한반도 시나리오

이 시나리오에서는 비록 남한이 경제적으로 어렵지만 북한 리스크에 대한 대응 능력을 잃지 않은 상태다. '국제시장' 시나리오상 남한은 사회적 통합은 이루지만 경제적으로는 어려움에 처한 상황이다. 사회 전체와 구성원 각자가 팍팍하지만 정치적으로 갈등과 파괴가 아닌 협의와 타협이 가능한 사회다. 남한의 '국제시장' 시나리오 바탕 위에 북한의 4가지 시나리오를 하나씩 검토해본다.

'국제시장'דּ'세상에 부럼 없어라'_ 남북 경제협력 시도

북한이 핵을 포기하고 경제성장도 이루고 체제 안정을 통한 내부 통합도 이룬 상태다. 남한의 경제가 어려운 상황임에도 한반도에 평화공존은 가능하다. 남한은 경기 침체를 극복하기 위해 북한과 활발한 교류를 추진한다. 북한의 사회간접자본 건설에 남한의 건설사가 투입된다. 남한은 북한의 자원 개발에도 적극적으로 참여해 저렴한 원재료를 확보한다. 북한의 고도화된 군사 기술은 경공업에 점차 흘러들어가기 시작한다. 북한이 경제적으로 나아지면서 환경 문제도 조금씩 제기된다. 다만 한반도의 환경 위기 발생 시 남북 공동 대응 체계는 이미 마련된 상태다. 이 시나리오는 의외로 북한의 도움으로 남한의 경제가 살아날 수 있는 시나리오다. 덕분에 남북 교류 협력도 활발하고 평화안정 번영도 가능하다.

'국제시장'דּ'배고픈 강성대국'_ 각자도생, 남북 대치 장기화

남과 북 모두 서로 먹고살기 힘든 상황이다. 북한에서는 인민의 불만을 통제하기 위해 다시 공포정치가 등장한다. 북한은 군을 통한 내부 단속을 강화하고 핵실험과 미사일 도발을 지속함으로써 국제적 긴장을 유발한다. 남북은 초긴장 상태에 놓인다. 남북한 모두 기술 발전은 정체되며, 북한의 환경 재해 가능성도 높아지지만 남한이 이를 해결할 능력이 없다. 북한의 지하자원 개발도 남북 관계 경색으로 남한의 투자 자체가 불가한 상태다. 남한에서는 경기 침체에도 불구하고 흡수 통일 가능성이 고개를 든다. 그러나 통일 비용을 감당할 수 있을지, 과연 통일이 남한 경제에 도움이 될지에 대한 논란이 거세다. 결국 이 시나리오는 남북한 각자가 자기 살길을 찾아가는 각자도생 시나리오다.

'국제시장'×'백전백패 조선로동당'_ 흡수 통일 여론 증가

경제성장과 내부 통합 모두 실패한 북한에 정권 위기가 찾아온다. 쿠데타와 같은 극단적인 정권 교체나 체제 붕괴 가능성도 보인다. 남한은 흡수 통일에 대한 정책 연구가 활발히 진행되지만, 휴전선에서는 크고 작은 총격전이 벌어지는 등 남과 북 모두 군사적으로 서로 예민한 상태다. 북한은 무기라도 팔아서 달러 벌이를 해야 하기 때문에 대량 살상 무기의 해외 수출을 지속적으로 시도한다. 그러나 남한과 국제사회의 공조로 번번이 실패한다. 경제적으로 남북 모두 힘든 상황이다. 기술 발전 상황도 남북 모두 현상 유지에 급급하다. 한반도 환경 문제에 대한 공동 대응이 어려워져 남북한 모두 환경적 재해를 입을 수 있다. 이 시나리오에도 작은 희망의 빛은 있다. 만약 북한 정권의 체제 안정을 위한 최소한의 경제 개발 의지와 이것이 남한의 경기 부양에도 도움이 된다는 이해관계가 일치한다면 남북 모두 경제 발전의 기회가 전혀 없는 것은 아니다.

'국제시장'×'찢어진 모기장'_ 낮은 단계의 충돌과 교류

북한에서는 새로운 자본가들의 힘이 커지면서 국가 통제에 맞서는 수준에 이른다. 북한 내부에서 국가 통제를 벗어난 밀무역과 불법 거래가 성행한다. 통제 불능인 북한 정권의 붕괴 가능성은 그 어느 때보다 높아진다. 가뜩이나 먹고살기 힘든 남한은 통일 비용에 대한 부담이 커진다. 북한의 민간 자본가는 대량 살상 무기까지 해외로 유출시키려 한다. 핵미사일 관련 군사 기술도 유출될 가능성이 커진다. 북한의 불안한 상황으로 인해 한미 동맹은 더 견고해진다. 민간 차원에서 북한에 남한의 생필품이나 전자 제품이 흘러 들어간다. 북한은 지하경제가 활성화된다. 이로 인해 밀수, 불법 노동자, 인신매매 문제 등이 남한에 부정적 영향을 끼친다.

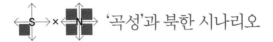

'곡성'과 북한 시나리오

위태로운 남한과 '한반도호'의 운명

경제 사정과 사회통합 모두 어려운 상황에 직면한 남한이 취할 수 있는 시나리오다. '곡성' 시나리오상 남한은 살림살이도 팍팍한 데다 정치 사회적인 갈등까지 심한 사회다. 위태한 상황에서 북한 변수를 돌볼 처지가 아니다.

'곡성'×'세상에 부럼 없어라'_ 한국 사회의 분열과 경협 시도

남한은 경기 침체, 청년 실업, 고령화 등으로 사회통합이 어려운 상황인 반면에 북한은 원활한 경제성장과 체제 안정을 유지한다. 북한은 체제 유지에 대한 자신감에 힘입어 남한에 먼저 손을 내민다. 다만 남한이 통합되지 않은 상태로 교류 협력이 생각만큼 쉽지 않다. 북한 정권의 붕괴 가능성이 낮기 때문에 한반도에 안정적 평화 체제는 유지된다. 북한의 경제가 아무리 좋아졌다고는 하지만 아직 남북 격차는 크다. 이에 따라 남북 경제 교류는 더욱 활발해진다. 남한도 경기 침체를 극복하기 위해 북한의 도움이 필요하다. 남북 경제 공동체를 통한 제2, 제3의 개성공단을 추진한다. 기술 분야도 남북 공동 기술 개발을 추진한다. 북한의 경제성장에 따른 환경오염은 커지나, 남한은 국론 분열로

공동 대응에 원활하지 못하다. 남한에서 북한으로 월북하는 사람
들도 생겨난다.

'곡성'×'배고픈 강성대국'_ 북한의 고립과 남북의 대립

경제가 힘든 북한은 다시 체제 유지에만 신경을 쓴다. 북
한은 더 고립되고 남북 교류는 줄어든다. 북한 인민의 생활이 더
욱 어려워져 대규모 탈북 사태가 발생한다. 북한 경제는 어렵지
만 정권의 안전성은 유지된 상태이며, 남한은 사회통합 수준이
낮아 남북 대화의 활로를 찾기 어렵다. 북한의 경우 경제 지원을
전제로 한 핵 협상이나 '제2 고난의 행군'을 선택해야 할 상황이
다. 남북 경제협력은 제로 상태에 놓인다. 기술 개발 영역에서 북
한의 경우 군사 기술에 대한 투자만 이뤄진다. 북한은 통제하지
못하는 대규모 자연재해로 경제가 더욱 어려운 상태로 낮아진다.
개방을 기대하기 어려워 지하자원에 대한 개발 가능성도 떨어진
다. 이 시나리오는 북한이 경제적 어려움에도 과거와 같이 체제 유
지를 위한 고립주의를 유지하고, 남한은 경제적 어려움과 국론 분
열의 이중고를 겪고 있어 남북의 대치 국면이 지속되는 상황이다.

'곡성'×'백전백패 조선로동당'_ 최악의 상황에서 달리는 평행선

남북한 모두 최악의 상태에 치닫는 시나리오다. 북한의

경우 장마당을 통해 자본주의의 맛을 체험한 청년층이 '고난의 행군'을 받아들이려고 하지 않는다. 남한은 국론이 심각하게 분열된 상황이고 북한은 체제가 불안한 상황이다. 자기 몸 추스르기 힘든 남한은 통일을 이야기하기 힘들다. 결국 남북 관계는 경색된다. 북한에서는 친중파가 득세하고 남한에서는 한미 동맹에 목을 맬 수밖에 없다. 남북 대화 가능성은 제로에 가깝다. 남한은 경제적으로 제2의 IMF 상황이고, 북한은 제2의 '고난의 행군'이다. 남한의 기술은 이미 중국 등에 추월당한 상태이며, 남과 북은 중국의 대기오염에 아무런 대책을 내놓지 못한다. 백두산 폭발과 지진에 대한 대비도 전무하다. 이 시나리오는 남과 북이 대화는 없고 서로 자기 앞길 챙기기 바쁜, 전쟁을 뺀 한반도 최악의 상황이다.

'곡성'×'찢어진 모기장'_ 지하경제의 성장과 자본가의 등장

북한에 돈주, 자본가가 등장한다. 정부 통제에서 벗어난 돈주들이 지하경제를 성장시키고 이로 인해 북한의 빈부 격차는 더욱 커진다. 돈을 손에 쥐고 먹고살 만한 일부 계층을 중심으로 공산당 독재와 3대 세습 정치에 대한 회의와 불신이 확산된다. 북한 정권의 체제 안정을 위해 핵 포기를 전제로 국제적 대응이 이루어지지만 먹고살기 힘든 남한은 영향력 약화로 논의에서 소외된다. 북한은 민간 자본으로 조금 먹고살기 좋아졌다고 하지만 그래 봤자 지하경제 수준이다. 남과 북이 서로 힘든 상황이지만 민간 차원의 경제 교류는 이루어진다. 북한의 핵미사일은 유출될 가능성이 높아진다. 에너지 부족으로 북한의 삼림은 더욱 황폐화되고 한반도 자연재해에 대해 남북 공동 대응은 힘들다. 이 시나리오는 남한과 북한 모두 사회적으로 체제적으로 분열된 상태로 남북 대화도 불가능하고 교류 협력도 힘든 상황이라고 할 수 있다.

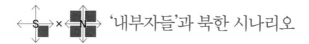 '내부자들'과 북한 시나리오

남보다 못한 민족, 한반도의 미래

마지막으로, 경제 사정은 괜찮지만 국론은 분열된 남한의 '내부자들' 시나리오 바탕 위에 북한의 4가지 시나리오를 검토해본다. '내부자들' 시나리오상 남한은 꾸준한 성장 속에서도 심각한 분열을 겪는 상황이다. 경제적 풍요를 누리고 있으나 국론은 분열되고 정치, 외교에 있어 통합된 목소리가 나오지 못하는 상황이다. 남한의 '내부자들' 시나리오상 한반도는 강대국의 대리 전장이 될 수도, 한반도의 운명을 완전히 남에 손에 맡기게 되는 위기 상황을 맞을 수도 있다.

'내부자들'×'세상에 부럼 없어라'_ 남한 내분 심화, 북한 체제 자신감

앞서 언급했듯이 북한은 핵을 포기하는 조건으로 뚜렷한 경제성장을 이룬다. 체제가 안정됨에 따라 민간 차원의 요구도 적극 수용함으로써 사회통합도 원활하다. 마치 '하나의 중국'을 외친 중국을 닮았다. 다만 남한은 빈부 격차, 계층 갈등, 세대 갈등, 이념 갈등 등 극심한 분열 상태에 놓인다. 남한의 통합이 어려우므로 남한 중심의 흡수 통일 논의도 줄어든다. 남한은 외교적으로 여러 가지 난관에 부딪힌다. 북한의 저임금 노동력은 남한의 경제에 도움을 준다. 정부 주도의 남북 경협은 경색되어 있지만 민간 차원의 경제 교류는 지속된다. 남한 기업의 기술 이전도 이루어진다. 다만 북한에 대한 투자가 남남 갈등을 증폭시키기도 한다. 남남 갈등은 환경 관리, 자원 개발의 공동 대응도 힘들게 한다. 남북의 경제적 이익에 대한 공통 관심으로 전쟁 발생 가능성은 낮아진다.

'내부자들'×'배고픈 강성대국'_ 남북 긴장 심화, 신뢰 부재

먹고살기는 힘들지만 북한의 체제는 확고하다. 선군 정치로 '고난의 행군'을 극복한 김정일 시대가 다시 찾아온 느낌이다. 그러나 체제에 대한 불만으로 탈북자가 늘어난다. 탈북민 송환 문제로 새로운 남북 갈등이 발생한다. 남한은 여전히 내부 갈등에 시달리고, 북한은 경제적으로 어려운 상황이므로 남북 대화 및 협력이 불가능해진다. 남북은 군사적 긴장 상태를 유지하는 상황이며, 남한의 정부 협상력이 떨어져 한미 동맹 비용에 대한 남한 부담이 늘었다. 남한은 코리아 디스카운트로 해외 투자유치가 줄었고, 북한은 국제 제재의 강화로 장마당마저 침체된 상태다. 북한은 군사 기술에만 매달림으로써 환경 문제는 등한시한다. 그렇다고 남한과 함께 대응하기에도 힘든 상태다. 이 시나리오에서는 남북 대치가 심화되고 한반도 분열이 고착화될 수 있는 형국이다.

'내부자들'×'백전백패 조선로동당'_ 극한 남북 대립과 대외 의존 심화

북한 김정은 정권이 내부로부터 위기를 맞는다. 남한은 경제성장에도 불구하고 사회통합에 실패한다. 북한의 강압 통치로 체제 붕괴나 쿠데타 위기감이 고조된 상황임에도 남한은 이를 대비할 능력이 없다. 급속히 증가하는 탈북자는 남남 갈등을 심화시키고, 북한의 경제 파탄으로 통일 비용이 급상승한다. 통일이 되면 남북이 공멸할 것이라는 말도 지속적으로 제기된다. 남북의 힘이 떨어진 상황에서 외세의 개입이 늘어난다. 북한 붕괴를 가정한 대중, 대러, 대일 외교의 필요성은 증가하지만 남한 내 사회통합 실패와 정치 불안으로 자주적 외교에 실패하고 주변국들의 이해관계에 의해 끌려간다. 북한 체제 불안으로 남북 경제 교류 또한 불가능하다. 남북의 기술 협력, 환경 문제에 대한 대응 등은 더욱 힘들어진 상황이다. 북한의 지하자원은 마지막 생존 전략으로 남아 있다. 이 시나리오는 통일을 기대하기 참 힘든 시나리오다.

'내부자들'×'찢어진 모기장'_ 외세에 휘둘리는 한반도

남북한 모두 권력의 힘보다 민간의 힘이 강한 상태다. 북한은 장마당으로 성장한 신흥 자본가들이 지하경제를 확장시키고 체제 불안을 가중시킨다. 전쟁을 경험하지 않은 장마당 세대는 체제에 대한 불만이 그 어느 세대보다 크다. 외부로부터 유입되는 정보로 체제 변화에 대한 욕구도 함께 커진다. 북한 정권의 내부 통제력은 현저하게 약해진다. 민간의 힘이 강해지면서 결국 정권의 안전성은 떨어지고 체제 붕괴나 정권 교체 가능성이 크다. 이 상황에서 북한의 핵은 체제를 보장하는 보검에서 독이 된다. 남한의 외교력은 크게 약화돼 코리아 패싱이 일상적인 상황이 된다. 민간 차원의 남북 경제 교류는 진행되지만 남북한 경제를 성장시킬 정도인지는 의문이다. 남한의 기술이 4차 산업혁명으로 고도화된 반면에 북한의 기술은 군사 기술 유출이 심각해진 상황이다. 남북의 기술 교류는 기대하기 어렵다.

남한 시나리오별 북한 시나리오 정리표

남한 시나리오	북한 시나리오	요약
명량	세상에 부럼 없어라	평화의 시대, 한반도 경제성장, 외교력 강화, 문화교류 증진, 산업기술 발달, 재난 공동 대응
	배고픈 강성대국	북한의 핵 보유, 남북 긴장 및 국제적 긴장 고조, 북한 붕괴 혹은 남한 주도의 흡수 통일 가능성 증가
	백전백패 조선로동당	북한의 핵 보유 및 내부 통제 실패, 북한 경제 파탄, 탈북 급증
	찢어진 모기장	북한 계획경제 실패, 민간 자본 성장, 공포정치 회귀
국제시장	세상에 부럼 없어라	평화 공존 가능, 북한 핵포기 및 경제성장, 활발한 남북 교류로 인한 남한 경제 안정화
	배고픈 강성대국	북한의 핵실험과 미사일 도발, 내부단속 강화, 남북 관계 경색, 남한 경기 침체, 흡수 통일에 대한 부담감으로 부정적 여론 팽배
	백전백패 조선로동당	북한의 정권 위기, 남한 주도 흡수 통일 기대감 형성, 남북한 모두의 경기 침체
	찢어진 모기장	북한 내 강력한 자본 계층 등장, 북한 정권 붕괴 가능성 고조, 지하경제 활성화, 한미 동맹 강화
곡성	세상에 부럼 없어라	북한의 경제성장 및 정권 안정, 남북 경제 교류 활성화 방안 추진, 북한 환경오염 문제 심화, 환경 문제 공동 대응 불가
	배고픈 강성대국	북한 고립 및 남북 교류 감소, 경제 침체, 정권 안정성 유지, 제2의 '고난의 행군' 우려
	백전백패 조선로동당	제2의 IMF와 제2의 '고난의 행군', 얼어붙은 남북 관계, 친중파 북한, 한미 동맹 강화
	찢어진 모기장	북한 내 자본가 계층 등장, 지하경제 성장, 핵포기 논의에서 소외된 남한, 민간 차원의 남북 경제 교류 시작
내부자	세상에 부럼 없어라	북한 핵포기, 경제성장 및 사회통합 이룩, 남한 내 극심한 분열, 경제적 이익을 위한 남북 전쟁 발생 가능성 감소
	배고픈 강성대국	확고한 북한 체제, 남한 내 내부 갈등, 남북 대치 심화, 한반도 분열 고착화
	백전백패 조선로동당	김정은 정권의 위기, 북한 경제 파탄, 통일 비용 증가, 남한의 자주적 외교 실패, 미국 의존도 증가, 남북 경제 교류 불가능
	찢어진 모기장	북한 내 체제 붕괴 및 정권 교체 가능성 증가, 코리아 패싱, 남북 경제 교류의 경제성장 기여도 미미

통일 코리아를 위한 최선의 조합
: 남한의 '통합'과 북한의 '경제성장'

　　지금까지 담담하게 남한과 북한 각각의 상황이 복합된 시나리오를 탐색했다. 앞에서 제시한 16가지 시나리오가 갖는 의미는 무엇일까? 오늘 한반도는 16가지 시나리오 중 현재 어디에 해당하는가? 그리고 남북은 어느 방향으로 가야 하는가? 16가지 시나리오를 탐색하는 과정에서 가장 중요한 질문에 답을 해야 할 시간이다.

　　오늘날 남한 사회는 '명량', '국제시장', '곡성', '내부자들' 중 어디에 해당하는가? 의견은 분분했지만 대체적으로 '내부자들' 시나리오에 해당한다는 의견이 다수였다. 국가 경제는 여러 지표에서 분명 상당히 발전한 상황이지만 빈부 격차와 세대 갈등으로 내부 분열이 심화되고 있다. 청년 실업률은 하늘 높은 줄 모르게 치솟고 금수저, 은수저, 흙수저라는 말이 유행할 정도로 계층 갈등도 심화된 상태다. 특히 대북문제와 관련해서 국론이 분열되고 있다. 북한과의 대화와 협력만이 현 상황을 타개할 수 있다고 믿는 사람들과 북한은 전혀 믿을 수 없는 정권이며, 제재와 압박만이 유일한 전략이라고 믿는 사람들이 서로 팽팽하게 맞선다. 불과 10년 전에는 남북이 대화하고 교류할 가능성이 있었지만 이후 10년은 대립 구도로 흘렀다. 그리고 이제 막 다시 대화를 시작하고 있다.

정권 교체에 따라 남한의 대북 정책이 조금씩은 바뀔 수 있다. 하지만 손바닥 뒤집듯이 180도 바뀌는 것은 아무런 기대나 신뢰를 주지 못한다. '내부자들'의 남한은 내부 갈등을 해소하고 '명량'을 지향해야 한다. 그리고 북한에 대한 입장도 일관적이고 통일된 입장이어야 한다. 서로에 대해 예측이 가능해야 대화도 협력도 가능하다. 어쩌면 너무 당연한 결론으로 보이지만 16개의 시나리오를 놓고 고민했던 긴 과정에서 나온 이 메시지는 우리에게 매우 강한 울림을 주었다.

그렇다면 오늘날 북한은 어느 사분면에 처해 있는가? 대체적으로 '배고픈 강성대국'에 가깝다. 내부 갈등 요소가 없지는 않지만, 일인 지배, 철권 무력 통치, 공산당 일당 독재 그리고 인민의 희생을 요구하는 모습이라는 데 이견이 없었다. 북한은 김일성, 김정일, 김정은으로 이어지는 3대 세습 과정에서 강성대국을 외치면서 군과 경제를 병진해 발전시키겠다고 공언해왔다. 하지만 경제력, 군사력 모두 남한과 격차는 벌어지고 미국을 향한 제국주의 투쟁은 공허해지고, 배고픈 인민으로 인해 언제 체제 균열이 일어나도 이상할 게 없는 상황이다. 수십만이 굶어죽던 '고난의 행

군' 시기에 배고픈 유년기를 보내고 장마당에서 자본주의의 맛을
이해하는 김정은 시대의 장마당 세대가 중국까지 합류한 국제 제
재를 언제까지 참고 버텨줄 것인가? 김정은 정권은 급속한 체제
붕괴로 '백전백패 조선로동당' 국면으로 떨어질지 모른다는 공포
가 있지 않을까? 북한은 '세상에 부럼 없어라'가 되기 위해서도,
그리고 현재의 체제를 유지하기 위해서도 반드시 경제 개발과 성
장이 필요하다. 이는 김정은 위원장이 누구도 예측하지 못할 만
큼 파격적인 변화를 시도하는 근본의 이유일 것이다.

　물론 북한의 경제 발전을 위해서는 남한을 포함한 외부의 원
조와 교역이 절실하다. 그러기 위해서는 반드시 핵을 포기해야
만 한다. 남한 정부도 국민에게 남북 평화공존을 위한 일관된 대
북 정책을 알리고 동의를 구해나가야 한다. 국민의 지지 없는 대
북 정책은 언제든 또 손바닥처럼 뒤집힐 수 있기 때문이다. 북한
이 핵을 포기하고 경제적으로 성장하도록 남한이 주도적으로 도
와야 한다. 오직 남북이 상호 대화, 협력해야만 한반도 평화공존
을 기대할 수 있다. 16개 시나리오를 검토하며 앞으로 남과 북이
나아가야 할 분명한 길이 보이기 시작했다.

II

운명의 축

4대 시나리오

PART
05

시나리오
한반도

남한만의 시나리오, 북한만의 시나리오는 없다.
남과 북은, 결국 하나의 한반도의 일부요, 서로의 미래에 결정적 변수이다.
미래 한반도를 살아갈 우리 아이들을 위해
한반도 공동체의 운명을 좌우할 키워드를 찾아 한반도 시나리오를 그려본다.

남도 북도, 결국 한반도의 일부이다

지금까지 우리는 남북한 각 시나리오를 조합한 한반도
의 16개 미래 시나리오를 살펴보았다. 이 16개의 시나리오를 다
시 하나의 한반도 시나리오로 통합하면 어떤 모습이 될까? 결국
우리가 원하는 통일 시나리오를 만들어보자는 이유에서였다. 하
지만 두 체제의 시나리오를 하나로 통합하는 과정은 남북한 통합
만큼이나 쉬운 일이 아니었다. 시나리오 플래닝 교과서 어디에도
이런 시도를 한 예를 찾을 수 없었다. 결국 우리는 아무도 가보지
않은 새로운 길을 만들기로 했다. 23인의 집단 지성이 찾은 방법
은 남한의 성장과 통합을 X축(명량, 곡성)으로, 북한의 성장과 통
합(세상에 부럼 없어라, 백전백패 조선로동당)을 Y축으로 한 다음의 시

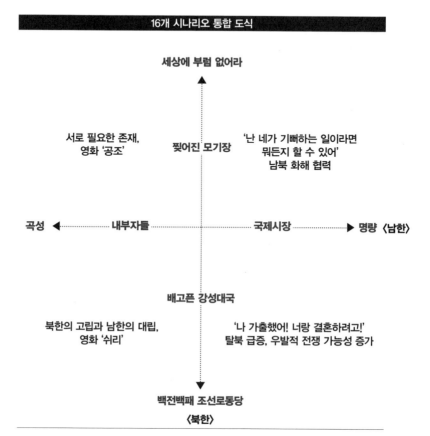

16개 시나리오 통합 도식

세상에 부럼 없어라

서로 필요한 존재,
영화 '공조'

찢어진 모기장

'난 네가 기뻐하는 일이라면
뭐든지 할 수 있어'
남북 화해 협력

곡성 ◄·········· 내부자들   국제시장 ·········► 명량 〈남한〉

배고픈 강성대국

북한의 고립과 남한의 대립,
영화 '쉬리'

'나 가출했어! 너랑 결혼하려고!'
탈북 급증, 우발적 전쟁 가능성 증가

백전백패 조선로동당
〈북한〉

나리오였다.

이는 시나리오 플래닝의 대표 동인을 성장과 통합의 복합 상
태로 구분 지은 것이다. 남한이 성장하고 통합하는 경우 우측으
로, 쇠퇴하고 분열하는 경우 좌측으로 좌표가 이동한다. 북한이
성장하고 통합하는 경우는 위로, 쇠퇴하고 분열하는 경우 아래로

좌표가 이동한다. X, Y축 중간 지점들은 앞에서 이야기한 바와 같이 한반도 발전에 있어서 남한에서는 통합, 북한에서는 성장이 매우 중요한 포인트라는 근거로 구성했다. 남북한이 '명량'과 '세상에 부럼 없어라'가 아닌 '국제시장'과 '내부자들', '찢어진 모기장'과 '배고픈 강성대국' 사이에 있다면 위의 시나리오 중간 어딘가에 좌표가 찍힐 것이다. 이렇게 남북한의 위치를 확인하면서 앞에서 살펴본 16개 시나리오를 참고로 미래를 예측할 수 있다. 이런 과정을 통해 남한은 좀 더 '명량'으로, 북한은 좀 더 '세상에 부럼 없어라'로 갈 수 있도록 정책을 조정해나갈 수 있을 것이다.

16개의 한반도 시나리오를 하나의 표 안에 담고 나니 한반도의 평화와 번영을 위해 추구해야 할 방향이 더욱 명료해 보였다. 남한은 우선 '내부자들' 같은 상황에서 자칫 잘못하면 '곡성'에 빠질 위험이 있다는 사실을 인식해야 한다. 퇴행하지 말고 지금껏 이룬 성취를 바탕으로 사회적 통합, 경제적 도약이라는 두 가지 미션을 잘 수행해 '명량'과 같은 탁월한 성과를 이루어야 한다.

북한은 '배고픈 강성대국' 국면에서 변화하지 않으면 '백전백패 조선로동당'으로 급전직하하는 것이 시간 문제임을 인식해야 한다. 진정한 강성대국의 길은 핵이 아니라 경제 발전으로 열 수 있다. 북한의 경제적 성취를 자랑스럽게 여길 인민의 개개인의 존엄이 높은 수준으로 보호되어야 한다. '세상에 부럼 없어라' 시나리오는 인민의 마음 깊은 곳에서 우러나올 때 완성된다는 것을 인식해야 한다. 비핵화와 함께 개혁 개방에 드라이브를 걸어 경제 발전에 매진하고, 이에 수반되어 분출될 북한 인민의 요구 사항들을 지혜롭게 잘 수용해 세상에 '부럼' 없는, 통제가 아닌 통합의 사회를 이루어야 한다.

그렇게 남북한이 모두 각자 최고의 성취를 이루어가는 경우와 남한 혹은 북한 모두 곤두박질치는 경우, 성취가 엇갈릴 경우 등, 이 모든 경우의 수가 하나의 평면상에 펼쳐지는 것이 무척 흥미로웠다. 그 표를 함께 그려낸 시간은 새벽녘이었다. 새벽이어서 그랬을까? 우리는 이것에 희열을 느꼈다. 혼자서는 생각지도 못했던 그러나 함께 머리를 맞대고 얻어낸 집단 지성이 이루어낸 기쁨이었다.

그러나 그 희열은 그리 오래가지 않았다. 기술적인 문제가 있었다. 우선 경제성장과 사회통합이라는 개념을 현실에 적용하고 이를 객관적으로 측정하기 위해 지수 혹은 지표를 만드는 일이 결코 쉽지 않았다. 그런데 여기에 더 큰 문제가 있었다. 그것은 다름 아니라 남북 시나리오를 단순히 좌표에 펼쳐놓는 것은 언젠가 하나가 되어 같이 살아야 할 남과 북을 마치 우연히 국경을 마주하는 두 개의 다른 국가 취급하고 있는 것은 아닌가 하는 의문이었다. 우리가 이 작업을 통해 지향하던 통일 코리아와는 근본적으로 다른 접근이었다. 남북한이 유엔에 동시 가입하고, 각각 개별적으로 외국과 수교를 하고 있으므로 개별적 국가의 모습을 띠고 있음에도, 지향점으로서의 '통일'에 대한 접근이 부족했다. 물론 남과 북이 교류하고 협력하면서 서로가 평화와 번영을 누릴 수 있다면 굳이 그 어려운 통일이 필요하겠는가라는 주장이 있기도 하다.

그러나 하나의 한반도보다는 현실적인 분단을 인정하고 각자 서로가 평화와 번영을 누리자는 주장은 분단 이후 집계되지 않은 정신적, 물리적 분단 비용까지 고려한다면 현실적인 선택지는 아니다. 물론 이것이 이상적인 생각이며, 지금은 가성비와 효율이 국민들에게 가장 중요한 기준이라고 주장할 수도 있다. 그러나 효율과 가성비를 고려하더라도 통일 한반도가 지속 가능한 평화와 풍요한 번영을 가져올 가능성이 영구 분단된 한반도보다 훨씬 클 것이다. 남과 북의 사회 경제적 상황의 차이를 극복하고 상생의 시너지를 발생하기 위해서는 공동의 가치 체계와 예측 가능하고 공평한 법률과 제도 그리고 하나의 유기체처럼 움직이는 행정 및 사회 운영 체제가 필요하다. 국경이란 장벽을 그냥 두고 이러한 조건을 충족하기가 얼마나 복잡하고 어려운지 우리는 이미 아주 오랫동안 봐왔다.

다행히 남과 북은 아직까지 통일에 대한 공동의 목표를 포기하지 않았다. 1991년 12월 13일에 체결된 남북기본합의서 전문에 이 생각이 잘 나와 있다.◎

"남과 북은 분단된 조국의 평화적 통일을 염원하는 온 겨레의 뜻에 따라 7.4 남북공동성명에서 천명된 조국통일 대원칙 자주 평화 민족 대단결을 재확인하고 정치 군사적 대결 상태를 해소하여 민족적 화해를 이룩하고 무력에 의한 침략과 충돌을 막고 긴장 완화와 평화를 보장하며 다각적인 교류 협력을 실현하여 민족 공동의 이익과 번영을 도모하며 쌍방 사이의 관계가 나라와 나라 사이의 관계가 아닌 통일을 지향하는 과정에서 잠정적으로 형성되는 특수 관계라는 것을 인정하고 평화통일을 성취하기 위한 공동의 노력을 경주할 것을 다짐하면서 다음과 같이 합의하였다."

하지만 현실은 고통스러웠다. 남과 북의 10년 후 시나리오 플

◎ 남북관계발전에 관한 법률 제3조(남한과 북한의 관계) ①남한과 북한의 관계는 국가 간의 관계가 아닌 통일을 지향하는 과정에서 잠정적으로 형성되는 특수관계이다. / ②남한과 북한 간의 거래는 국가 간의 거래가 아닌 민족 내부의 거래로 본다.

래닝을 만드는 작업과 이를 합해 16가지 시나리오를 만드는 작업도 결코 쉽지 않았다. 여기서 멈출 수는 없었다. 다시 한 번 힘을 모아서 남과 북의 분단의 울타리를 넘어 한반도를 하나로, 남과 북을 각각 한반도의 일부분으로 간주하는 시나리오 플래닝에 도전하기로 했다. 그리고 우리는 정말 새로운 도전을 시작했다. 그리고 그 첫 번째 과정은 시나리오 플래닝이라는 기법의 기본으로 다시 돌아가는 것이었다. 이미 앞에서 설명한 대로 남과 북이 아닌 한반도 차원에서 10년 후 미래를 결정할 키 드라이버를 찾고 정리하는 일이었다.

운명을 좌우할 키 드라이버

앞서 남한의 시나리오를 4가지로 살펴보았고, 그중에는 경제성장과 통합을 이루는 모두가 가고 싶은 나라 '명량'이 있다. 그러나 한국 사회의 여러 여건상 '명량'으로 나아가기가 만만치는 않아 보인다. 남한은 지난 반세기 동안 유례없는 고속 압축 성장을 이루었다. 그러나 고속 압축 성장의 적신호는 여러 분야에서 나타나고 있다. 2020년까지 베이비붐 세대의 은퇴로 일하는 사람 5명 중 1명이 사라지고, 2100년에는 인구가 반 토막이 날 것으로 예측된다. 청년 실업률은 2008년 7.2%에서 2017년 11.2%로 급격한 증가 추세에 있다.◎ 기술 발전으로 일자리는 계속 줄어들고, 기업의 성장에도 불구하고 고용은 좀처럼 늘지 않는다. 지난해 국내 주요 그룹들의 영업이익은 평균 50% 이상 급증했지만 고용은 1% 소폭 증가에 그쳤다.◎ 즉 인구 감소, 실업률 증가로 소비는 위축되고, 이는 다시 실업률 증가, 출산율 감소로 이어질 가능성이 크다.

위기에 처한 남한에 반전의 카드가 있을까? 만약 있다면 그중 하나가 북한과의 경제협력이다. 2009년 골드만삭스가 발표한 보고서는 북한의 풍부한 인적 자원과 광물자원에 한국의 자본과 기술력이 더해질 경우 기대 이상의 시너지 효과를 기대할 수 있으며, 통일이 이루어질 경우 30~40년 뒤 GDP가 미국을 제외한 G7 국가들과 비슷하거나 더 높아질 것으로 예상했다.◎ 실제 남북 정상회담이 있은 지 한 달이 채 되지 않은 상황에서 북한 비즈니스 진출 전략 서적이 나오고 대형 로펌들이 북한 전문팀을 꾸려

◎ KBS '명견만리' 제작팀, 《명견만리: 향후 인류에게 가장 중요한 것들을 말하다. 인구, 경제, 북한, 의료 편》, 인플루엔셜, 2012, p22, p.49, p. 82.
◎ 〈뉴스토마토〉, "고용 없는 성장…재벌 대기업, 이익 50% 급증에도 고용은 1% 상승. 비정규직 대폭 늘어 고용의 질 악화…LG그룹, 고용 증가폭 최대"(2018. 4. 3.).
◎ 〈중앙일보〉, "체질을 바꾼 한국경제 남북통일로 비상할까"(2009. 10. 9)

영업에 나서는 등 시장이 먼저 움직이고 있다. 남북 정상회담 결과에 따라 철강, 건설 주가가 폭등하는 등 북한과의 경제협력을 통한 성장의 기대감이 고조되고 있는 것도 비슷한 맥락에서다.

그렇다면 북한의 상황은 어떨까? 현재 북한은 한국을 포함하여 전 세계와의 교류가 사실상 단절되어 있다. 그나마 의지하던 중국과의 교류도 국제사회의 경제제재로 제한되면서 경제는 더욱 악화되었고, 결국 북한이 먼저 비핵화 협상을 제안할 수밖에 없는 상황에 이르렀다. 비핵화를 통해 대북 제재가 완화될 경우 글로벌 시장에 편입될 수 있지만 곧바로 전 세계 기업들의 북한 투자로 이어질 만큼 북한이 매력적인 곳은 아니라는 게 현실이다. 산업 인프라가 거의 전무한 북한에 있어 초기 투자 환경 조성에 가장 중요한 역할을 하게 될 곳은 남한이다. 접경국인 중국과 더불어 남한과의 교류가 북한 경제성장에 핵심 동력이 될 수밖에 없다.

결론적으로 향후 10년간 남한과 북한의 경제성장은 상대방의 상황에 매우 긴밀히 연결되어 있다. 또한 한반도 통일의 관점에서 이러한 남북한 동시 경제성장이 미치는 영향은 절대적이다. 서울대 김병연 교수는 남북한의 경제 격차를 고려할 때 현 상황에서 통일이 이루어지는 경우 "서독의 경우 동독으로 이전 지출은 3,000조에 육박하고, 남북한 인구 비율과 소득 격차를 고려할 때 우리 재정에 미칠 충격은 독일의 2.7배에 달한다. 독일 통일 비용의 60%는 동독 주민에 대한 복지 지출이었는데 이는 회수되는 자금이 아니기 때문에 투자 유치로 해결될 수 없는 비용이다. 금리와 환율도 충격을 받는다. 통일 전에 비해 통일 후 독일 정책 금리는 두 배가량 올랐다. 한국은 서독에 비해 경제력이 훨씬 약하고, 정치 경제적 불확실성 때문에 외국 자본이 한국 자본 시장에서의 대거 이탈이 일어나고 위 과정에서 한국 원화 가치가 폭락할 수 있다."[◎]고 경고한다. 이견이 있을 수 있지만 북한의 경제성장을 통한 남북한 경제 격차 완화가 통일 준비의 핵심임은 부인할 수 없다.

> 역사적으로 정치적 통일 이전 경제적 통합 사례가 있다. 1871년 비스마르크에 의해 독일제국이 선포되기 반세기 전부터 범독일 지역에 경제적 통합 노력이 먼저 있었다. 〈1〉 1818년 프로이센이 독일 국가들과 자유무역을 선언 〈2〉 1828년 프로이센–헤센다름슈타트 공국 간 관세동맹 체결 〈3〉 1828년 독일 중부 국가들 관세동맹 체결 〈4〉 1834년 기존의 모든 관세동맹 통합하는 '독일 관세동맹' 창립 〈5〉 1866년까지 지금의 독일에 해당하는 대부분의 지역이 관세동맹에 가담하는 수순을 밟았다. 독일은 비스마르크에 의해 통일을 위한 정치·군사적 움직임이 있기 전에 이미 반세기가량 경제적으로 통합되는 과정이 있었고, 그 연장선에서 정치 통합이 가능했다.

첫 번째 축, 남북한의 경제성장과 통합

이제부터 남북한의 경제성장과 통합에 대해 조금 깊게 분석해보기로 한다. 남북한 경제 성과는 각자의 성장과 더불어

◎ 〈중앙일보〉, "[중앙시평] 급진통일론자에게 묻습니다"(2015. 10. 22.).

북한의 성장을 통한 남북한 경제 격차 해소의 의미를 지닌다. 우리나라의 경우 이미 경제성장이 일정한 궤도에 이르렀으므로 급격한 경제성장을 기대하기는 어렵다. 그러나 저개발 국가인 북한은 북핵 문제가 해결되고 산업 인프라가 개선되면 고속 성장을 기대해볼 수 있다. 하지만 북핵 해결 이후에도 북한의 경제 전망에 대해서는 다른 의견도 있다.

스위스 투자은행 UBS는 부정적이다. 스위스 투자은행 UBS는 2018년 5월 1일 남북 협력 분위기 속에 북한 경제가 개방되더라도 아시아 지역 경제가 북한 경제 발전에 따른 파급효과를 기대하기는 아직 이르다고 분석했다. 북한 개방에 따른 아시아 지역의 경제성장 잠재력이 부풀려져 있으며 불확실성이 크다고 지적했다. 〈비즈니스인사이더〉에 따르면, 리정 UBS 애널리스트는 투자자들에게 보낸 보고서를 통해 "남북 협력을 위한 최근 대화가 결실을 맺으면 북한의 폐쇄 경제에 무슨 일이 벌어질지 많은 전망이 나오고 있다."며 "북한을 아시아 지역의 경제성장을 위한 미개척 자원으로 보는 사람들이 많은데, 북한 통계를 보면 이런 논의가 아직 이르다는 것을 알 수 있다."고 진단했다. ◎

UBS는 핵 폐기가 가시화되고 실질적인 종전이 이뤄지더라도 이를 통해 성장 동력을 얻기가 어렵다는 의견을 제시했다. 일부

애널리스트가 북한을 동북아 지역의 잠재적인 성장 엔진으로 평가하며 한반도 지정학적 리스크 해소가 고립된 경제에 날개를 달아줄 것으로 기대하고 있지만 이는 비현실적이라는 주장이다. UBS는 "원자재를 포함해 북한이 가진 경제적 잠재력을 인정하더라도 성장을 저해하는 구조적 결함들이 적지 않다는 지적이다. 무엇보다 한국과 커다란 괴리를 보이는 북한의 경제적 현실이 걸림돌로 지목됐다. 2017년 북한의 GDP는 163억 달러로 한국 경제 규모인 1조 4,000억 달러에 크게 미달했다. 1인당 GDP 역시 지난해 기준 북한은 648달러로 한국의 2만 7,397달러와 커다란 차이를 보였다. 산업 구조 측면에서도 양측은 커다란 구조적 차이를 나타내고 있다. 북한의 노동 인력 가운데 58.9%가 농업에 투입된 반면, 한국은 서비스 인력이 70.3%로 상당한 비중을 차지하고 있고, 산업이 24.7%로 뒤를 이었다. 농업 인구는 5%에 불과, 북한과 엇박자를 냈다. 북한의 서비스 및 산업 인력은 각각 21.8%와 19.3%로 한국과 구조적인 차이를 보이고 있다. 이와 함께 한국과 북한의 교육 수준 역시 현격한 괴리가 자리 잡고 있어 경제 개방 이후에도 본격적인 성장을 위한 인프라 구축에 상당한 시간이 걸릴 것이라고 UBS는 판단했다. UBS는 보고서에서 "한

◎ 〈조선일보〉, "UBS 북 경제 개방해도 아시아 파급효과 기대 이르다"(2018. 5. 3).

국의 1.2%에 불과한 북한 경제가 개방 하나에만 의존해 동북아
지역에서 두각을 나타낸다는 것은 구조적으로 어려운 일"이라고
지적했다.[◎]

　이에 반해 북한을 제조 기지로서 잠재력을 높이 평가하는 의
견도 있다. 특히 북한의 1인당 GDP 수준은 중국의 약 6분의 1,
베트남의 2분의 1 수준에 불과하고(북한의 1인당 GDP를 한국은행은
1,300달러로 얘기하기도 하고, 현대경제연구원은 640달러로 보기도 하는
등 정확하지 않은 상황이다.), 인구 대부분이 중고등교육 이상을 수
료한 점에 주목해 저렴하지만 양질의 수준을 갖춘 노동력을 경쟁
력의 기반으로 하여 노동 집약적 제조 활동과 고급 인력을 활용
한 IT 분야 기술 활동에 적합한 지역으로 평가한다.[◎] 이와 같은
장점을 바탕으로 노동 집약적 제조 분야와 IT 분야에서 집중적인
성장을 기대해볼 수 있다. 이러한 관점에서 남한의 경제성장은
통일 비용 부담 역량 증가와 연결되고, 북한의 경제성장은 경제
격차 완화에 따른 통일 비용 감소와 연결된다. 통일 이전에도 지
속적인 경제성장을 보이고 있는 남북한은 동북아의 주도적인 역
할을 하는 국가로 성장해나갈 수 있다.

◎ 〈뉴스핌〉, "UBS 한반도 긴장 완화, 북 경제 날개 못 단다"(2018. 5. 30.).
◎ 삼정KPMG 대북비즈니스지원센터, 《북한 비즈니스 진출 전략》, 두앤북, 2018, p. 28.

이처럼 북한의 경제성장에 관해서는 장밋빛 전망과 우울한 전망이 뒤섞여 있다. 이 모두 현실이 될 수 있다. 끊임없는 북한의 정책 선택에 따른 누적적 결과이겠지만 북한이 어떤 방향으로 선택을 해나갈지 또 그 선택들이 어떤 효과를 불러일으킬지 누구도 섣불리 단정 지을 수 없다. 하지만 분명한 것은 북한의 경제성장 의지가 분명하고 그에 맞도록 체질 개선을 한다면 가파른 경제성장이 결코 불가능하지 않다는 것이다. 북미 회담이 열린 싱가포르에서 김정은 위원장은 싱가포르로부터 많은 것을 배우고 싶다고 밝혔다. 트럼트 대통령과는 지난 과거를 뒤로 하고 큰 사업을 함께하고 싶다는 의사를 피력했다. 이러한 의사 표시가 말의 성찬으로 그치지 않고 실질적인 행동으로 이어질 경우 펼쳐질 북한 경제의 성장 드라마는 충분히 기대할 만하다. 또한 중국과 베트남의 성장이 남한 경제성장에 큰 도움이 되었던 것처럼 북한 경제의 가파른 성장은 남한 경제성장에 매우 좋은 조건이 된다. 남한과 북한, 북한과 남한이 어떻게 하느냐에 따라 장밋빛 전망은 충분히 현실이 될 수 있다.

두 번째 축, 남북한 사회통합

앞서 확인한 것처럼 한반도 시나리오에 가장 중요한 요소 중 하나가 남한의 통합이다. 북한의 다양한 상황에 따라 남한도 영향을 받게 되지만, 남한 사회가 통합이 잘되어 있을수록 북한발 부정적 영향을 최소화하고 북한발 긍정적 영향을 최대화할 수 있다. 하지만 남한 사회의 통합만으로 한반도 전체 시나리오 중 최고의 시나리오가 나올 수는 없다. 남북한의 통합만이 한반도 최고 시나리오를 가능케 할 것이다.

현재까지는 전쟁 위기감 해소와 경제협력을 통한 남북한 경제 성장에 대한 기대감으로 문재인 정부의 남북 교류 정책에 대하여 우호적인 분위기가 우세하다. 그러나 전쟁을 경험하고 무려 70년 간 분단의 길을 걸은 남북한은 다른 어느 분단국가와 비교하더라도 갈등의 골이 깊다. 특히 북한은 남한과의 교류뿐 아니라 글로벌 질서와도 단절되어 있다. 이로 인한 남북한 인식 격차는 오히려 지구 반대편에 있는 나라들보다 클 수 있다. 이러한 점은 남한에서 이미 작은 통일을 시작한 북한 이탈 주민들이 남한 사회에서 겪는 어려움에서 확인되고 있다. 이러한 문제를 극복하기 위해서는 남북한 간 다양한 교류를 통해 상호 이해가 증진되어야 함에도, 개성공단에서 미미하게 이루어지던 경제협력과 같은 민간 영역 교류의 물꼬를 크게 트기까지는 아직까지 많은 장애물들이 존재하는 것이 현실이다. 서울대 통일 평화 연구원에서 개발한 남북통합지수(Inter-Korean Integration Index)에 따르면 교류조차

없는 0단계부터 실질적 통합·통일을 완성시키는 10단계의 단계
적 과정 중 2016년도 남북통합지수는 정치 영역은 0단계, 경제
영역은 1단계, 사회 문화 영역은 2단계로 매우 낮은 통합지수를
보였다.

통일 전 동서독의 무역 교류 현황을 살펴보면, 1950년에 8억
1,000만 DM(서독 마르크화)이었으나 꾸준히 증가해 통일 직전인
1990년도에는 약 18배인 144억 8,500만 DM에 이른다.◎ 이와
같은 교류 증가는 통일 의지를 증가시켰고, 이는 어느 순간 결집
되어 곧바로 통일로 이어진 경우로 볼 수 있다. 남북한 통합 축은
정치, 경제, 사회, 문화 등 전 영역의 통합 정도를 의미한다. 먼
저 정치적 교류를 통해 남북한 경제 교류의 길을 열고 경제 교류
를 통한 인적 교류는 종교를 포함한 사회 문화 전반의 교류와 통
합으로 이어질 수 있다. 이런 흐름으로 통합이 강화될 경우 남북
한은 경제 공동체 형성을 통한 경제성장과 안정적인 통일의 길로
나아갈 수 있다.

특히 남북한 통합은 남북한 각각 내부의 이념적 갈등을 해소
해 각자의 사회통합이 증진되는 것과도 연결된다. 남북한 통합

◎ KBS '명견만리' 제작팀, 《명견만리: 향후 인류에게 가장 중요한 것들을 말하다. 인구, 경제, 북한, 의
료 편》, 인플루엔셜, 2012, p. 233.

지수가 낮아질수록 남한 내에서 지난 70년간 그래왔듯이 북한을 주제로 한 이념 갈등, 세대 갈등, 정파 갈등이 사회 분열을 더욱 심화시킬 것이다.

국가의 통합이란 내부 구성원들 간 갈등이 상대적으로 잘 조절되고 해소되는 것을 기본으로 한다. 이러한 갈등 조절과 해소는 1차적으로는 사회 문화적 규범에 따라 이루어지기도 하는데, 여기서 실패하거나 사회 문화적 규범에 따라 해결하는 것이 적절하지 않은 경우 국가 권력을 통해 이루어진다. 법치주의 국가는 법률로써, 법치주의가 확립되지 않은 국가도 나름의 내적 규율과 권력의 힘을 가지고 갈등을 조절한다. 하지만 이러한 갈등의 조절과 해소만으로 국가의 통합은 이루어지지 않는다. 갈등 조절을 넘어 국가 공동체의 비전에 대한 구성원들의 자발적 동의와 이에 따른 노력과 헌신 그리고 그에 대한 공동체적 보상 및 존중의 문화 등이 형성되어야 한다. 그러한 토대 위에 법이 간섭하지 않은 사회 문화적인 영역에서도 갈등을 완화하는 인문적 규범과 문화가 확립되어 있으며, 사회경제적으로 연약한 구성원들에게 도움의 손길이 끊이질 않는 모습이 통합된 국가의 풍경이라 할 수 있다.

남북한의 통합을 논할 때 주목해야 할 부분이 바로, 통합을 논하지만 아직 남북한 간엔 단일한 질서 체계가 형성되지 못했다는 점이다. 남북한은 법치주의 공동체가 아니며, 오히려 전혀 다른 통치 구조와 법률 문화를 가지고 있다. 그런 남한과 북한은 서로 교류 과정에서 발생할 수 있는 갈등을 조정할 규칙 역시 아직 마련하지 못한 상황이다. 그렇다면 사회 문화적 규범은 어떠한가? 자본주의 시장경제 체제 내에서 자유민주주의를 성취한 남한 사람들의 사회 문화적 인문 규범과 사회주의 계획경제 체제 내에서 '우리식 사회주의'로 살아온 북한 사람들의 사회 문화적 인문 규범은 너무도 다르다. 같은 역사를 공유한 한민족으로서 같은 한글을 사용하기에 그 어떤 외국인보다 가까워지고 쉽게 이해할 수 있을 거라 막연히 기대하고 다가서면 오히려 서로 큰 상처를 입을 가능성이 높다. 남북한 관계는 한마디로 하나의 국가와 달리 동일한 규칙도 없고, 문화도 매우 상이하다는 점을 주의 깊게 살피며 통합의 과정을 이루어내야 한다. 즉 차이를 먼저 이해하고 접근해야 나아갈 수 있다는 의미다.

이러한 관점에서 남북한의 통합 과정은 크게 세 단계로 예상된다. 첫 단계는 남북한이 실질적으로 적대 관계를 청산하고 상호 신뢰 형성을 위한 과정을 시작하는 단계로서, 이 단계의 핵심은 북한의 세계 질서 진입이다. 그동안 남한과 북한은 서로 신뢰를 구축하자는 선언을 여러 차례 반복해왔으나 이를 위한 후속

절차가 제대로 이루어진 적이 없다. 이제는 백 마디의 말이 아니라 단 한 번의 실천이 필요하다. 남북한은 상호 신뢰를 선언하는 것에 그치지 않고 미국, 중국, 일본, 러시아를 비롯한 국제사회와 함께 북한의 비핵화와 한반도의 평화 구축 프로세스를 진행해야 한다. 그 과정에서 북한은 미국과 일본과의 관계를 개선하고, 나아가 중국, 베트남과 같이 세계질서로 진입하는 것이 필요하다. 이것이야말로 남북한 상호 신뢰의 핵심이자 물적 토대이다. 북한에 여러 국가의 기업들이 들어가고 남한 역시 여기에 주도적인 참여를 하게 되는 과정을 보면서 외국인들은 물론 남한과 북한 스스로 70년간 이어온 종전의 적대 관계에 비가역적인 변화가 이루어졌다는 사실을 비로소 믿게 될 것이다.

두 번째 단계는 첫 번째 단계가 정착되어 남한과 북한의 경제적 교류 협력과 사회 문화 교류 협력의 전방위적 확대가 이루어지는 단계다. 이 단계에서 여러 쟁점들이 있지만 남북한 통합 관점에서의 핵심 요소는 사회 문화적 동질성 회복을 위한 교류 협력을 발전시켜나감과 동시에 모든 교류 협력 과정에서의 발생 가능한 다양한 갈등들을 조절할 수 있는 규칙들을 합의하고 실천해가는 것이다. 이 과정은 실질적인 통합을 위한 바닥 다지기 작업이다. 적잖은 시간과 노력이 필요할 것이다. 하지만 갈등 조정을 위한 노력에 최선을 다할수록, 그리고 그 성과가 축적될수록 상호 신뢰는 누적되며 쌓여갈 것이다. 그러한 노력 없이 이기적인 경제적 이익 관점에만 힘을 쏟을 경우에는 갈등이 누적될 것이고, 임계점에 도달하면 수습하기 쉽지 않은 일들이 벌어질 수 있다. 남한, 북한 모두 서로에 실망하고 다른 나라들과의 협력 관계를 우선시하며 각자도생의 길로 나아갈 가능성이 상당하다. 그럴 경우 문제는 단순하지 않다. 남한과 북한의 특수성으로 인해 각자도생은 적대감 강화의 방향성을 가지게 될 가능성이 크다. 그렇게 새로운 형태의 적대 관계가 생성되면 남한과 북한의 정치적 긴장도가 높아짐은 물론, 경제적으로도 양자 모두에게 마이너스가 될 것이다. 반드시 통일을 염두에 두지 않더라도 평화공존과 번영을 위해서는, 전방위적 교류와 함께 교류 협력 과정에서 발생하는 갈등을 조절해가는 노력이 필수적이다.

세 번째 단계는 두 번째 단계가 잘 수행되어 남북한 상호 갈등 조정 능력이 고도화되고, 사회 문화적 교류 등 전방위적 교류를 통해 민족 공동체의 동질성이 상당히 회복되는 한편, 이질적인 문화에 대해서도 포용하는 것을 전제로 논의하는 단계다. 즉 통합적 규범에 대한 논의이다. 현재로서는 남한과 북한 체제는 무척 다르다. 규범 자체가 전혀 상이하다는 것이다. 이런 상황에서 통합은 앞서 살펴본 두 번째 단계 관점의 통합만이 논의될 수밖에 없다. 하지만 두 번째 단계까지라도 잘 정착되면 평화공존과 공동 번영의 길이 열릴 수 있다. 세 번째 단계는 두 번째 단계까지 이룩한 북한의 변화와 남한의 진화가 통합적 규범을 꿈꿀 수 있을 정도에 이르렀는지를 살피는 과정이다. 이는 평화공존과 공동 번영의 길을 가다 하나의 국가 공동체로서의 통합과 통일의 가능성을 모색하는 단계이다. 사려 깊은 연애 과정을 거친 연인이 함께 가정을 꾸릴지 신중하게 고민하는 단계이다. 과거 이탈리아는 이와 같은 상호 신뢰 증진, 상호 동질성 회복 과정을 생략한 채 정치적 통일을 이룬 후 매우 큰 시대적 혼란을 감당해야만 했다. 1871년의 이탈리아의 사례는 타산지석으로 삼을 만하다.

1871년 이탈리아는 북동부 피에몬테-사르데냐 왕국 주도의 통일을 이뤘다. 그러나 통일 자체를 목적으로 삼았을 뿐, 통일 이후의 청사진을 제시한 통일은 아니었다. 그래서 북부가 주도한 통일에 남부 이탈리아인들이 저항했고, 세속정부와 로마 교황청의 갈등도 컸으며, 자본가와 노동자, 농민의 갈등도 상당했다. 이때 중도 우파 정치가 마시모 다첼리오(Massimo d'Azeglio)는 "이탈리아를 만들었다. 이제 이탈리아인을 만들 차례다."라고 말했는데, 이 작업은 지금까지도 완수되었다고 보기 어렵다. 주지하다시피 이탈리아의 남북 갈등, 도농 갈등은 매우 격렬하기 때문이다.

이탈리아의 예에서 보듯이 아무리 두 번째 단계까지의 통합이 잘 이루어져도 세 번째 단계의 통합은 질적 변화를 수반하기 때문에 매우 신중할 수밖에 없다. 물론 남한과 북한은 서로 통합적 규범을 만들어내는 과정의 어려움만을 보지 않을 것이다. 어려움과 함께 그 어려움을 극복했을 때 얻어지는 열매는 우리만이 아니라 우리 아이들의 나라를 위한 결단의 근거일 것이기 때문이다. 통합적 규범에 대한 논의가 성숙되어간다는 것은 바로 통일의 직전 단계에 해당할 것이다. 통일된 한반도가 어떠한 형태로 구성될지에 대한 평화롭고 합리적이며 미래 지향적인 논의가 신중하게 펼쳐지고, 이에 대한 남한과 북한 구성원들의 결단이 있을 경우 세 번째 단계는 완성될 것이다.

이제 장밋빛 전망과 우울한 전망이 교차하는 남북한 경제성장과 남북한 통합을 두 축으로 하여 10년 후 한반도 시나리오를 그려보면 뒤의 표처럼 4가지 시나리오로 정리된다. 4가지 시나리오를 우리나라 대표적인 소설 제목들과 김구 백범일지의 《나의 소원》 자서전 제목으로 구분했다. 남북한 경제성장과 남북한 통합이 이루어진 모습은 '나의 소원', 경제성장은 둔화하나 남북한 통합이 이루어진 모습은 '아리랑', 북핵 해결 과정에서 일정한 경제성장을 이루나 북한 내부의 갈등 심화와 아직 미완결된 북핵 문제 등으로 인한 남북한 갈등이 심화된 모습은 '정글만리', 비핵화 협상은 실패하고, 남북한 대립은 더욱 심화되어 전쟁이 목전에 있는 모습은 '남한산성'으로 표현했다.◎ 이제 각각의 시나리오를 자세히 살펴보기로 한다.

◎ 시나리오 '아리랑'과 '정글만리'는 소설가 조정래의 장편소설 《아리랑》, 《정글만리》에서, '남한산성'은 소설가 김훈의 장편소설 《남한산성》에서 각각 인용했다.

새롭게 완성된 한반도 시나리오

남북통합

아리랑
통일 시대를 향한 아리랑 고개

- 남북한 경제 정체(남북한 GDP 성장률 2% 이하)
- 통합과 교류를 통한 탈출구 모색
- 통일 비용 등 역량 부족으로 2국 체제 장기화
- 핵 폐기 과정에서의 갈등으로 UN 제재 재개
- 북한의 외교적 고립, 남한의 외교 정책 일관성 부족

나의 소원
가치의 다양성 보장으로 보편적 가치 공유

- 북핵 문제 해결, UN 제재 철회
- 북한의 경제성장과 남북한 경제적 격차 완화(남한 GDP 4% 이상 성장, 북한 7% 이상 성장)
- 동북아 주도적 역할

분열 ← → **성장**

남한산성
나아갈 곳도 물러설 곳도 없다

- 북핵 갈등 심화, 대북 제재 심화
- 남북한 경제 침체(남북한 GDP 성장률 1% 미만)
- 지진 등 환경 재해와 환경오염
- 북한 내 쿠데타 조짐
- 중미 대립과 한국의 외교력 약화

정글만리
강한 자만이 살아남는다

- 비핵화 과정을 통해 대북 제재 완화, 그러나 핵 보유 의심 정황 등장
- 민주화 요구 증대, 신흥 세력 및 기득권 간 대립 심화, 북한 체제 위기
- 남북한 경제성장(남한 GDP 성장률 3%, 북한 GDP 성장률 5%)
- 대외 관계 주도력 약화
- 통일 의지 약화

남북분열

시나리오 #1 '나의 소원'
: 남북 주도의 번영

- 북핵 문제 해결, UN 제재 철회
- 북한의 경제성장과 남북한 경제적 격차 완화
  (남한 GDP 4% 이상 성장, 북한 7% 이상 성장)
- 동북아 주도적 역할

2018년에 시작된 남북 정상회담, 북미 정상회담 등은 몇 차례 우여곡절 끝에 성공적으로 타결된다. 수년에 걸쳐 북한의 비핵화가 검증되고, 대북 제재도 중단된다. 비핵화 협상을 주도적으로 이끌어냈던 남한은 북한과의 경제협력에 가장 적극적으로 나선다. 가장 먼저 북한의 산업 인프라 구축, 특히 유라시아 철도 개발에 앞장선다. 서울에서 출발해 평양을 거쳐 러시아 유럽으로 연결되는 철도가 구축되고, 서울역에서 기차로 프랑스를 여행하는 상품까지 출시된다. 개성공단 사업과 금강산 개발이 재개되고, 단기간 내에 산업 인프라가 회복됨에 따라 개성에는 남한 기업뿐 아니라 세계 여러 기업들이 진출한다. 북한의 금강산 관광객은 해마다 늘어나고, 남한에서는 강원도 동해안 지역이 금강산 여행과 함께 특수를 누리게 된다.

남한은 북한과의 경제협력으로 섬유산업이 호황이다. 나노, 바이오, IT와 결합해서 새로운 소재 개발로 고부가가치화를 이루었고, 북한 경제 특구에서 방직, 제직, 편성, 염색 가공 기능 등 노동 집약적인 파트를 효율적으로 소화해내면서 섬유산업의 가치 사슬이 강화된다.◎ 남북한의 협력을 통해 저비용으로 만들어진 고품질 의류 브랜드는 한류의 상승세를 타고 중국, 유럽, 미국 등 여러 시장에서 각광받는다. 남한의 ICT 산업도 새로운 전기를 맞는다. 북한 전 지역에 통신 서비스가 구축되고 인민 대부분이 스마트폰을 사용한다. 주로 중국이나 베트남에서 제조되던 통신 전자 기기 조립도 북한 지역으로 공장을 이전한다. 북한 소프트웨어의 우수한 인재들이 남북 합작회사에서 큰 역할을 하고 있다. 조선콤퓨터센터(KCC) 기술자들이 펼쳐놓는 소프트웨어 개발 역량에 세계 여러 회사들이 감탄한다.

남한은 북한과 경제협력 과정에서 북방 지역 개발에 많은 공을 들인다. 황금의 삼각지대, 기회의 삼각지대로 불리는 중국 훈춘, 북한 라선, 러시아 블라디보스토크 지역이 북한 개발과 함께 더욱 주목을 받는다. 남한도 이 지역 공동개발에 참여하고, 라선 경제 무역지대에 남한 기업이 25% 정도의 비율로 입주한다. 남한 기업이 진출해 세 지역을 잇는 고속철도가 완공된다. 위 철도

◎ 강태진, "동북아 섬유 클러스터로 통일을 대비하라", 《축적의 시간》, 지식노마드, 2015, pp. 401~404.

를 통해 라진항이 중국의 동쪽 출구 역할을 하며, 물동량이 기하급수적으로 증가한다. 라진항은 부산항과 연계해 동북아 최대 항구로 발전한다. 러시아의 가스, 에너지는 라진항을 거쳐 일본으로 운송되고, 평라선(평양~나진)을 통해 북한 지역 각지, 남한으로 운송된다.

남북한의 북한 자원 개발 성공 소식도 계속적으로 들려온다. 금 698톤, 철광석 24.7억 톤의 풍부한 광물 매장량은 효율적으로 채굴되고 이는 북한 개발의 재원으로 연결된다.◎ 철광석은 고속철도와 항만을 통해 남한 제철회사로 운반되었고, 남북한 희토류 사업도 속도를 내고 있다. 남북한 경제협력을 바탕으로 남북한 경제는 성장 국면이고, 남한은 GDP 4% 이상, 북한은 7% 이상의 성장률을 보이고 있다. 북한의 고속 성장으로 남북한 경제격차도 완화되는 방향으로 발전한다.

남북한과 중국, 러시아의 공동 동북아 개발로 동북아 경제 공동체 구상도 탄력을 받는다. 남북한, 미국, 중국, 일본, 러시아가 자유무역 협정 체결을 두고 협의 중이다. 동북아 경제 공동체 구상은 동북아 다자 안보 협력체계와 연계해 논의된다. 남북한 정

◎ "북한에서 발간한 조선지리전서에 근거하여 북한자원연구소가 발표한 자료에 따르면 금은 매장량이 234톤이며, 전망 매장량을 포함하면 698톤으로 추정된다. 철광석은 정광 기준으로 전망 매장량을 포함해 총 24.7억 톤이다."(삼정KPMG 대북비즈니스지원센터. 위의 책, p. 189.)

전 협정이 종료되고, 평화 체제로 들어감에 따라 남한 내 미국 주
둔의 필요성에 대해 중국과 북한의 문제 제기가 계속된다. 주변
국들과의 수년간 협의를 통해 주변 6개국의 군사 신뢰 구축, 군
비 통제 방법으로 협의가 이루어진다. 이 과정에서 주한미군 주
둔 여부와 그 성격이 이슈가 되었지만, 지속적인 협의를 통해 우
선 남한에 주둔하되 군비를 통제하고 성격을 조정하기로 한다.◎
동북아에서 중국과 미국의 긴장 국면이 조성되기도 했으나 두 나
라 모두 동북아 지역 개발에 투자가 확대됨에 따라 협력이 강화
되고 있다. 남북한은 중국과 미국 양자에 대해 균형외교 전략을
구사할 정도로 힘이 커진다.

남한에서는 북한과의 경제협력이 남한 경제에 호재로 작용함
에 따라 과거 북한 퍼주기라며 양분되었던 국론이 통합되는 국면
이다. 북한 관련 정쟁이 완화되면서 세대 간, 계층 간의 갈등도
완화된다. 그동안 남한 정부는 상당한 예산을 청년층 주거 복지,
청년 벤처 지원, 신기술 개발 지원에 집중하고, 그 결과들이 서서
히 나타나 젊은 세대들의 삶의 질이 점점 나아진다. 남한의 부동

◎ 김원배, 《격동하는 동북아 지형》, 나남, 2018, pp. 308~314. "6자 회담을 통해 북한의 핵 폐기가
실현되면 동북아 다자 안보 협력체를 결성하고, 군비 통제와 군사 신뢰 구축 등의 의제를 다루어야 하
며, 미북 간의 평화협정 체결과 외교관계가 수립되면 주한미군의 규모나 성격을 조정하되 반패권과 비
핵화에 대한 보험 정책으로 한미 동맹은 유지되어야 한다."(안병준, 1999; Scalapino, 1998). 김원배,
"위의 책", pp. 358~359에서 재인용.

산 투기는 한 차례 버블 붕괴를 경험한 이후 다시 안정기에 들어선다.

북한 지역은 토지 소유권이 국가에 있으나 사용권이 거래되는 형태로 개발이 진행된다. 그사이 외국 투기 자본이 토지를 취득하고 개발하지 않는 점이 문제가 되었는데 미개발에 대한 페널티를 적용하면서 부동산 투기가 완화되는 상황이다. 한편, 북한이 개방됨에 따라 북한 주민들의 자유권, 인권에 대한 인식과 요구가 높아진다. 북한 정부는 초기 이에 대한 억압을 시도했으나, 이미 장마당 경제로 형성된 자율적인 경제 체제의 흐름을 막을 수 없다. 적극적인 개혁 개방 정책으로 단기간에 상당한 성과를 거둔 북한 지도부는 고민 끝에 단계적으로 북한 주민들의 요구를 수용하기 시작한다. 외국 NGO의 관심과 문제 제기가 이어지고 인권 문제도 점차 개선된다. 아울러 해외 투자 유치가 증가함에 따라 국제적 기준 도입을 긍정적으로 논의한다.

남북한 사이에 자유로운 여행이 허용되면서 북한 주민들도 철도와 버스를 이용해 서울 관광에 나선다. 남한 정부는 북한 주민들을 위해 여행 보조금을 지급하며 관광을 장려한다. 이는 결국 남한 사회로 다시 들어올 돈이고, 이를 통해 남과 북의 주민들이 접촉하고 소통할 기회가 늘어난다. 남북한의 문화 콘텐츠는 남북한 저작권 협상으로 광범위하게 보급된다. 남북한 합작회사는 닫혀 있던 북한에 대해 신비감을 덧입힌 문화 콘텐츠와 캐릭터를 만들어 전 세계의 관심을 받는다. 2018년 방탄소년단이 빌보드 200차트에서 1위를 한 이래, K-POP 가수들의 빌보드 순위권 진입은 일상적인 일이 된다. 미국뿐만 아니라 유럽, 남미, 아프리카, 아시아 전역에서 K-POP 인기는 식을 줄 모른다. 드라마, 영화, 애니메이션, 게임 등 문화 콘텐츠 분야에서 남한은 세계 최고 수준의 실력을 유지 강화하고 한류 사업은 남한 경제의 중요한 축이 된다. 문화 콘텐츠 강국인 남한의 능력은 북한의 문화 콘텐츠가 세계적 수준으로 도약하는 데 큰 역할을 한다. 남북한 합작 아이돌 그룹의 세계적 성공은 물론, 남북한 합작영화는 전 세계 총 5억 달러의 매출을 기록한다. 남한과 북한의 문화 콘텐츠의 강력한 매력으로 인해 남한과 북한을 방문하는 여행객은 해마다 증가한다.

경제 교류, 사회 문화 교류 등 전방위적 교류로 사회 문화적 동질성을 더욱 높여가는 남북한은 교류 과정에서 발생하는 갈등을 훌륭하게 극복한다. 개성, 신의주 등 북한의 16개 특구에서 함께 살아가는 남북한 사람들 간 기업 간의 각종 분쟁과 갈등을 조정하기 위한 남북특구분쟁조정위원회가 설립되어 각종 분쟁들에 대해 효과적인 결정 및 조정을 수행한다. 따라서 이제는 조정 사례안을 기준으로 조정위원회에 회부되기 전에 내부적 조정으로 마무리되는 건들이 더 많다. 특구 외에서 북한을 여행하는 남한 방문객, 남한을 여행하는 북한 방문객에 대한 법적 지위 및 법률 문제에 대한 특별법이 남북한 합의로 발효된다. 특별법 초기 단계에서는 북한 내부 변화 과정의 어려움으로 북한 내 집행에 어려운 사정이 발생하기도 했지만, 북한 주민들의 요구를 적극적으로 수용한 북한 지도부의 변화로 특별법 집행이 원활하게 되어 북한 내 남한 여행객과 남한 내 북한 여행객은 더욱 증가한다.

남한과 북한에서 보여주고 있는 학문적 성취, 이를 근거로 한 정책들의 성공에 전 세계가 놀라고 있다. 그간 전 세계 많은 이들은 미국과 중국의 치열한 패권 전쟁과 4차 산업혁명이 가져오는 산업 구조의 변화 속에서 세계의 미래에 대해 의심하는 상황이었다. 남한과 북한의 학자들이 제시하고, 정책 연구자들이 발전시키고, 정치가들이 실천한 새로운 비전과 정책은 아시아를 포함한 많은 발전 국가들의 모범이 되어 전파된다. 패권 국가가 질서를 형성하고 이에 순응하는 방식을 넘어서서 개별 국가의 특수성이 인정되나 그 특수성이 글로벌 스탠다드의 장점과 결합하는 방식으로 국가 발전을 유도한다. 또한 인간의 존엄성을 증진시키는 정책 전략을 제시하고, 이를 안정적으로 집행한다. 이러한 남북한의 경험과 비전에 많은 국가들이 도움을 요청하고 있다. 특히 남북한은 제국주의 시절 일제에 강제 병합당한 슬픈 역사를 가진 민족이자, 패권 국가가 아니면서도 패권 국가들이 꿈꾸는 영향력을 실현하고 있는 점이 주목된다. 영국 BBC는 이러한 남북한의 놀라운 발전상을 조명한다. 100여 년 활동했던 그들의 조상이자 일제 강점기 항일투사였던 김구가 쓴 《나의 소원》이라는 글에서 꿈꾼 나라의 모습과 유사하다며 이 부분을 인용하여 게재하기도 한다.

"내가 원하는 우리 민족의 사업은 결코 세계를 무력(武力)으로 정복(征服)하거나 경제력(經濟力)으로 지배(支配)하려는 것이 아니다. 오직 사랑의 문화, 평화의 문화로 우리 스스로 잘살고 인류 전체가 의좋게, 즐겁게 살도록 하는 일을 하자는 것이다. 어느 민족도 일찍이 그러한 일을 한 이가 없으니 그것은 공상(空想)이라고 하지 마라. 일찍이 아무도 한 자가 없기에 우리가 하자는 것이다. 이 큰일은 하늘이 우리를 위하여 남겨 놓으신 것임을 깨달을 때에 우리 민족은 비로소 제 길을 찾고 제 일을 알아본 것이다. 나는 우리나라가 세계에서 가장 아름다운 나라가 되기를 원한다. 가장 부강한 나라가 되기를 원하는 것은 아니다. 내가 남의 침략

에 가슴이 아팠으니 내 나라가 남을 침략하는 것을 원치 아니한
다. 우리의 부력(富力)은 우리의 생활을 풍족히 할 만하고, 우리의
강력(强力)은 남의 침략을 막을 만하면 족하다. 오직 한없이 가지
고 싶은 것은 높은 문화의 힘이다. 문화의 힘은 우리 자신을 행복
하게 하고 나아가서 남에게 행복을 주겠기 때문이다."

　　남한과 북한은 경제적 성취와 통합 과정의 성공 그리고 국제사
회의 호의를 기반으로 평화적인 통일 논의를 시작하여 남북한 통
일 로드맵을 구상하고 한 단계씩 밟아간다.

　　남북통합 시나리오의 1사분면에 표현된 '나의 소원' 시나리오
는 우리 모두의 염원을 담은 장밋빛 미래다. 말도 안 되는 꿈처럼
느껴질 수 있지만, 절대 불가능한 것은 아니다. 100년 전 한반도
와 지금의 남한의 성취를 생각해보자. 불가능한 일이 결코 아니
다. 북한의 비핵화 협상이 순조롭게 이루어지고, 북한 정부가 적
극적으로 개방을 추진하고 북한 내부를 통제가 아닌 통합으로 이
끌어간다면, 그리고 우리가 남북한 경제협력과 통합의 방향성에
동의해 교류 정책에 힘을 싣는다면 충분히 가능한 시나리오다.
너무 멀게만 느껴졌던 1사분면이지만 최근 급변하는 상황으로
훨씬 더 앞당겨지고 있는 느낌이다. 수십 년 만에 우리에게 주어

진 이 기회에 모두가 힘을 더하여 김구의 '나의 소원', 늘 노래로
만 불렀던 '우리의 소원은 통일'을 현실에서 보고 싶다. 혼자 꾸
면 꿈이지만 같이 꾸면 현실이 된다는 말도 있지 않는가.

시나리오 #2 '아리랑'
: 경제 정체, 남북 교류를 통한 활로

•남북한 경제 정체(남북한 GDP 성장률 2% 이하)
•통합과 교류를 통한 탈출구 모색
•통일 비용 등 역량 부족으로 2국 체제 장기화
•핵 폐기 과정에서의 갈등으로 UN 제재 재개
•북한의 외교적 고립, 남한의 외교 정책 일관성 부족

2사분면은 남북한 모두 경제적으로 어려움을 겪고 있지
만 활발한 남북 교류를 통해 동질성을 회복해가고 전쟁 위기가
감소된 상황의 시나리오다. 남한 경제 능력이 충만했던 시기에
북핵 문제가 해결되어 대북 제재가 해소되었다면 남북한 경제 모
두 성장의 모멘텀을 가질 수 있었지만, 비핵화 협상이 장기화되
고 국제사회의 의심을 완전히 해소하지 못했기에 북한이 경제성
장의 기회를 살리지 못한 상황이다. 남한 역시 북한 경제성장의
모멘텀을 지렛대로 삼을 기회를 놓치고 경제적 체질 개선에 성공
하지 못해 어려운 형편이다.

　　남한 기업은 중국의 자본력과 기술력에 밀려 자동차, 전자제품, 반도체 등 상당수 시장을 중국에 내주어야 했다. 전략 산업으로 바이오와 인공지능 분야에 적극적으로 투자를 해왔으나 큰 성과를 내지 못한 상황이다. 그나마 복지 정책 강화와 공공 일자리 증가로 가계 소득은 증가되었으나, 경제성장률은 2%에 그친다. 북한은 비핵화를 선언하고 관련 국가들과의 협상에 나서지만 비핵화 방법과 조건을 두고 지루한 줄다리기를 계속하던 중 협상은 여러 차례 결렬된다. 그 과정에서 남한은 협상 재개에 주도적인 역할을 하여 마침내 협상을 이루어낸다. 하지만 협상 과정이 너무 길어진 탓에 북한 경제 발전은 아직까지 큰 성과를 내지 못하고 있는 상태다. 장마당 경제와 남한의 일부 대북 투자가 시작되었으나, 경제성장률은 2%대에 불과하다. 뒤늦게 북한 지역에 상당한 수의 남한 기업들이 진출하고, 대규모 투자도 이루어진다. 남한이 투자했던 북한의 자원 개발이 순탄하게 이루어져 북한의 에너지 문제와 남한의 자원 부족 문제가 어느 정도 해소된다.

　　미국은 남한에 대해 관세를 높이는 등 경제적 압박을 가하고 있다. 비핵화 협상 과정에서 남북 경제 교류가 필수적인 남한으로서는 지속적으로 북한에 완전한 비핵화를 요구하고, 중국, 미국, 일본, 러시아와 다시 협상 테이블을 마련하고자 고군분투했었다. 비핵화 문제가 해결된 이후 중국과 미국은 북한 지원 문제와 중국의 남중국해 진출 이슈로 갈등의 조짐들이 계속 나타나고 있으나 훈춘, 블라디보스토크 등에 공동 투자를 진행하는 등 전면 대립의 양상을 띠지는 않는다. 남한은 한미 동맹을 유지하면서 중국, 북한과의 교류를 진행하며 균형 외교 전략을 추구하지만 미국의 경제 압박이 강해지는 경우 미국의 정책에 기우는 등 외교가 갈팡질팡하게 된다.

그간 외국 자본 투자가 이루어지지 않았다. 국제적 제재가 다시 강화되는 상황에서 북한은 남한에 대한 의존도가 점점 높아졌다. 하지만 남한도 국제적 제재의 큰 틀 안에서 북한과의 협력을 모색할 수밖에 없어 비중 있는 교류 협력은 거의 진행되지 못했다. 하지만 국제적 제재가 단계별로 해제되는 과정에서 남한의 노동 집약적인 사업이 북한에 진출하여 가공 산업 분야에서 성과를 내기 시작하고, 그 외의 북한과의 교류도 활성화되기 시작한 상황이다. 남북한의 경제 교류는 문화 교류로 이어지고 남북한 모두 서로에 대한 신뢰가 강화된다. 북한의 비핵화 협상이 결렬되며 남한 내 부정적인 여론도 있지만 최종적으로 비핵화 타결이 이루어져 남남 갈등도 그렇게 크게 발생하지 않는다.

남북한은 뒤늦은 출발이지만 비핵화 협상 과정에서 서로 쌓은 신뢰를 바탕으로 상호 교류를 적극적으로 추진한다. 북한 내부에서는 비핵화 협상에서 강경한 입장이었던 세력이 뒤로 물러나고 비핵화 타결 입장이었던 세력이 적극적인 개혁 개방 입장을 보이며 남한의 협조를 구한다. 남한은 민간 정부가 모두 적극적으로 북한 지원에 나서고 있다. 남한의 대형 로펌, 시민단체 등 각종 단체들은 북한의 개혁 개방에 필요한 법제 지원, 교육 지원 등을 제공한다. 남한의 대학에 와서 배우고 간 상당수의 북한 대학생들이 벤처 기업을 창업해 성공을 거두며, 남한에 오는 북한 교환 학생의 규모가 많아진다.

남한의 자본으로 북한의 '맛집'을 세계화하는 프로젝트가 기획되어 TV 경연 형태로 진행된다. 경연을 심사할 일반인 심사위원단 100명(남한 50, 북한 50명) 모집에 100만 명이나 신청한다. 남북한 TV에 모두 방영되는 맛집 프로젝트는 대대적인 성공을 거둔다. 특히 프로젝트 1기 우승팀은 미국과 유럽, 아시아에 50여 개 프랜차이즈를 열면서 1년 만에 5,000만 달러의 매출을 기록한다. 뒤늦은 개혁 개방인 탓에 아쉬운 점이 많지만 남한과 북한은 작은 성공들을 이루어가면서 서로 신뢰를 쌓아간다. 중국, 러시아, 미국, 일본의 갈등 속에서 외교적인 어려움이 있는 등 아직은 험난한 아리랑 고개를 지나고 있지만 함께여서 견딜 만하다. 소설 《아리랑》에서, 우리 역사에서 어느 날 갑자기 광복이 찾아

왔듯이 2사분면의 시나리오에서는 생각보다 빨리 통일의 기회가
우리 민족에게 열릴 것이라 기대해본다.

 시나리오 #3 '정글만리'
: 각자도생

- 비핵화 과정을 통해 대북 제재 완화, 그러나 핵 보유 의심 정황 등장
- 민주화 요구 증대, 신흥 세력 및 기득권 간 대립 심화, 북한 체제 위기
- 남북한 경제성장(남한 GDP 성장률 3%, 북한 GDP 성장률 5%)
- 대외 관계 주도력 약화
- 통일 의지 약화

사회주의 국가인 중국이 개방을 시작하면서 자본주의 파
도가 급속히 중국을 덮쳤다. 국가 자본주의 체제로 볼 수 있는 중
국에서는 물질 만능주의, 뇌물, 빈부 격차, 부동산 투기 등 여러 사
회문제가 발생했고, 소설 《정글만리》는 중국의 이와 같은 모습을
생생하게 그려내고 있다. 중국은 경제성장을 통해 1당 체제의 명
분을 마련하고, 2018년 3월 임기 제한을 철폐하는 개헌을 통해
시진핑의 장기 집권 시대를 열었다. 북한은 위와 같은 중국을 지
켜보며 양립 불가능한 것으로 보였던 체제 유지와 개방을 통한
경제성장이 실현 가능하다는 희망을 갖게 된다.

북한과 남한의 경제는 성장하고 경제적 격차도 완화되지만,
남북한의 분열과 위기감이 고조되는 경우라면 또 어떤 결과를 가

져올까? 4사분면에서는 경제성장과 남북분열, 북한 내부에서도 남북한 관계에서도 힘의 논리가 지배하고 소모적 경쟁이 지속되는 '정글만리'의 시나리오가 펼쳐진다. 강한 자만이 살아남지만 결국 자기들만의 길을 걸어가는, 그래서 통일과는 멀어지는 시나리오가 될 것이다.

북한의 비핵화 협상은 초기 성과를 거둔다. 북미 회담이 취소되는 등 수차례 위기가 있었지만 북한이 적극적으로 비핵화 의지를 표명하면서 미국의 대규모 투자와 지원을 이끌어낸다. 북한 주민도 변화의 물결을 반기며, 기존의 장마당에서 쌓은 노하우를 바탕으로 국제 무역과 내수 시장 확대에 나선다. 북한의 돈주들은 기업형 재벌로 성장 중이고 자원 개발과 인프라 건설에 뛰어든다. 한편, 북한 인민들은 경제 활동을 하며 북한 정부에 대하여 지속적으로 거주 이전의 자유, 여행의 자유, 각종 규제 철폐를 요구한다. 또한 부동산 등 사유재산에 대한 보호 요구가 강해지고 정부의 무리한 조세 징수에 불만이 쌓여간다.

이와 같은 변화에 위기를 느낀 북한 정권은 인민에 대한 통제를 강화하기 시작한다. 외국 투자 개발 지역을 개성, 나진 선봉 등 특정 경제 개발구로 한정하고, 북한 인민들의 투자 참여를 제한하는 등 '모기장식' 개방 정책을 고수한다. 더불어 군사력을 강화하고 상호 감시를 확대한다. 전면 개혁을 주장하던 이들을 처별하며 공포정치를 강화시킨다. 북한 정부의 공포정치 강화에 인민들은 더욱 반감이 커지지만 일부는 아예 무관심한 채 돈벌이에만 매진한다. 북한 인민 간 빈부 격차는 더욱 커졌고 당 관계자에게 뇌물을 주면 안 되는 일이 없다. 북한에 대한 대규모 지원과 투자가 이루어졌지만 북한의 제한적 개방으로 북한은 잠재 성장률을 훨씬 밑도는 5% 정도의 경제성장률을 보이고 있다.

남한은 북한과 정치적 교류 대신에 경제 교류에 적극적으로 참여한다. 그러나 북한 인프라 개발 등 대규모 사업에 있어 빈번히 중국과의 경쟁에서 밀린다. 중국은 북한에 대한 지배력 강화와 경제적 이득을 노리며 북한에 대규모 투자를 진행한다. 특히 중국은 훈춘과 라선을 잇는 도로와 철도를 현대화하고, 북한 개발을 통해 중국 동북 3성 경제에 활력을 불어넣고 있다. 지가 상승을 노린 중국 자본이 북한 토지 사용권 매입에 유입되고, 라선 경제 무역 지대 토지의 절반가량을 중국인이 소유한다.

남한은 경제성장에도 불구하고 부의 재분배, 고령화에 따른 사회적 부양비용의 증가, 북한에 대한 '대화, 협력'과 '강경 대응' 등 이념 갈등으로 내부 통합에 어려움이 크다. 정치권의 리더십 부족으로 내부 통합 및 정치 안정에 실패한다. 남한은 북한의 성장이 달갑지만은 않다. 남한은 3% 이상 안정적으로 성장하고 있으나 성장의 열매는 대기업과 기득권층에 집중된다. 제조업은 기술 혁신을 이루어 영업이익이 크게 증가하였으나 국내 고용은 계속 위축되어 향후 성장 전망이 낙관적이지 않다. 북한핵이라는 뇌관은 제거되었지만, 북한과 정치적 대립이 심화됨에 따라 남북한 모두 군사비 지출이 늘어나고 이는 남북한 경제성장의 걸림돌로 작용한다.

남한 내부에서는 북한과 관련해 이념 대립이 심각하다. 북한의 인권 침해를 연일 비판하며 북한 내 쿠데타를 기다리는 입장과 이제라도 북한과 친밀히 교류하며 경제 공동체, 통일의 길로 나아가야 한다는 입장이 대립한다. 한편, 얼마 전 탈북민으로부터 북한이 여전히 핵 기술을 보유하고 있고, 비밀리에 핵무장을 추진한다는 증언들이 나오기 시작하면서 남한 내 갈등과 남북한 갈등은 더욱 고조된다. 미국과 유엔에서도 재조사를 진행해야겠다며 북한과 실랑이 중이다. 이는 남북한 관계와 국제 관계에 새로운 변수로 작용하면서 더욱 혼란이 가중된다.

국론 분열의 와중에도 남한에서는 대기업을 중심으로 비교적 저임금의 노동력을 활용하고자 하는 기업의 이해와 경제 발전에 대한 북한의 이해가 맞아떨어지며 남북 간에 경제 교류는 진행된다. 정부 주도형 경협 모델은 남한 내부 갈등으로 여의치 않지만 남한 기업의 북한 투자 또는 생산 시설 이전이 이루어지고, 이를 통해 남북 경제성장의 시너지가 모색된다. 하지만 남한 기업의 북

한 투자 증가와 생산 시설 이전으로 남남 갈등도 함께 증가하게
된다. 북한의 경제성장은 환경오염을 심화시킨다. 이로 인해 남남
갈등, 남북 갈등은 더욱 증가한다. 이러한 남남·남북 갈등으로 북
한과의 협조가 필수적인 한반도 공통의 환경 재해에 대한 대응력
이 떨어진다.

　남한과 북한이 분열된 채 각자 내부 분열도 심화된 상황에서
남북한 모두 각자의 살길을 마련하느라 바쁘다. 통일을 생각하기
보다는 체제와 경제, 군사력의 소모적 경쟁을 계속하며 점점 더
갈등의 골이 깊어진다. 남한과 북한의 새로운 적대 관계가 형성
된다. 북한은 남한 내 갈등을 자극하는 정책들을 취한다. 북한이
경제적으로 성장하고 외교적인 영향력을 넓히자 남한 내에서는
북한이 다시 적화통일 전략을 취하고 있다며 차라리 남한과 북한
이 영구히 다른 국가로 존재하도록 법제화하자는 주장까지 등장
한다. 또 다른 한편에서는 북한의 경제적 성취와 외교적 능력을
인정해야 하며, 북한과 연방제 통일을 해야 남한이 새로운 도약
을 할 수 있다는 주장이 나온다. 남한의 양극화와 이를 해결하지
못하는 정치 그리고 이러한 모습을 활용한 북한 지도부의 북한
내 통제력은 더욱 강화된다. 하지만 북한 역시 양극화 문제가 심
각해지고, 인권 탄압에 대한 국제사회의 비난으로 여러 어려움을

겪는다. 남북한은 모두 '정글만리'의 깊은 골짜기에서 좀처럼 헤어나오지 못하고 있다.

외교적 측면에서도 북한은 체제 안정과 경제력을 바탕으로 자신감 있는 외교력을 발휘한다. 하지만 남한은 한미 동맹의 역할에 대한 국내 여론 분열, 대북문제에 대한 국내적 합의 부재로 대중, 대러, 대일 주변 외교에서도 난관에 봉착한다.

 ## 시나리오 #4 '남한산성'
: 승자 없는 산성

• 북핵 갈등 심화, 대북 제재 심화
• 남북한 경제 침체(남북한 GDP 성장률 1% 미만)
• 지진 등 환경 재해와 환경오염
• 북한 내 쿠데타 조짐
• 중미 대립과 한국의 외교력 악화

마지막은 남북한 모두 경제성장이 정체되고, 남북한 경제 격차는 더욱 벌어지는 가운데 상호 소통도 단절된 상태의 시나리오다. 2018년 평창 올림픽을 계기로 남북한 관계는 화해 모드로 전환되고 비핵화 논의가 급물살을 탔다. 하루가 멀다 하고 북한과 미국의 태도가 달라진 기사가 쏟아지고 롤러코스터를 타듯 반전에 반전을 거듭하다 결국 비핵화 협상은 결렬된다. 북한과 미국이 생각하는 비핵화의 방식과 소요 시간이 다르고, 협상

을 할수록 그 거리만 확인할 뿐이었다. 비핵화 협상 결렬과 함께 미국과 북한의 대립 구조는 나날이 심해진다.

매년, 그해 꼭 전쟁이 날 것 같은 위기가 조성되었는데 그렇게 몇 해가 같은 상태로 지속된다. 중국과 미국의 갈등도 더 심각해진다. 중국 정부는 내부 결집을 바탕으로 권위주의적 자본주의의 길을 가고, 미국은 자국 경제를 최우선으로 하는 고립주의, 미국 우선주의가 더욱 득세한다. 이러한 두 나라 사이에서는 한반도, 타이완, 남·동중국해에 대한 주도권 다툼도 계속된다. 미국과 중국의 외교적 대립은 북한과 맞물려 남한을 외교적으로 고립시키는 상황으로까지 몰고 간다.◎

남한은 남북한 전쟁 위기 고조와 내부 갈등, 중국의 추월과 산업 기술 정체 등으로 경제성장의 동력을 잃는다. 중국발 미세먼지는 더욱 심각해져 남북한 모두 세계에서 가장 오염이 심한 나라 중 하나로 꼽히고 있으나 중국과 외교적 해결은 물론이고 다른 대응책을 전혀 찾지 못한다. 얼마 전에는 북한에서 7.0 이상의 지진이 일어나고 백두산 화산 폭발의 징후들이 나타나 세계적 이슈가 된다. 하지만 남북한 관계 경색으로 공동 대응 자체

◎ 김원배(2018)는 동북아 미래 질서를 4가지 시나리오로 요약하고 있다. 그중 네 번째 시나리오는 미국과 중국 간 전면적 대립으로 동(북)아시아 질서가 왜곡, 분절되는 상황이다. 미중이 대립하는 시나리오로 한반도 문제, 타이완 문제, 남·동중국해에서의 영유권 분쟁이 미중 간 충돌로 이어질 가능성을 배제할 수 없음을 언급한다(김원배, "위의 책", p. 155, p. 247, pp. 109~116.).

가 불가능하고, 북한의 위험 감지 기술도 역부족인 상황이다. 설상가상으로 동해안 지역에서도 해일을 동반한 강한 지진이 발발했다.

남북한 모두 경제성장률은 1% 미만이나 북한은 더욱 심각한 상황이다. 비핵화 협상 결렬로 유엔의 대북 제재 강도는 더욱 높아진다. 중국과의 밀수출 거래로 장마당 경제는 유지되고 있으나 북한 정권의 재정 부족이 날로 심각해지고 인민들의 수입에 대한 상납 요구가 더욱 커진다. 북한 내에서 반정부 동향이 확대되자 통제와 처벌 수위가 더 높아진다. 북한 정권의 붕괴가 눈앞에 있는 듯하다가도 위기의 순간마다 중국의 개입과 지원으로 북한 정권은 유지되는 형편이다. 이렇게 유지되는 북한 기득권은 개방을 두려워하고 핵무기 개발, 해킹 기술 고도화에 더욱 의존한다. 그 사이 북한이 비핵화 논의를 다시 제안하기도 하지만 국제사회는 냉랭하다. 더 이상 북한 정권을 대화 파트너로 생각하지 않는다. 비핵화 협상이 순탄치 않자 북한은 하루하루 버티기에 전력을 쏟고 북한 빈민층의 급속한 증가로 제2의 '고난의 행군'의 길로 가고 있다.

남한은 북한의 핵무장에 대해 연일 비난을 쏟아내지만 협상을 통한 핵 문제 해결에는 나서지 않는다. 박근혜 정부에서 그러했듯이 북한과의 일체 교류를 단절했고, 그사이 회복되었던 남북한 통신망도 모두 끊겼다. 핵 협상 결렬로 더 이상 대북 지원의 명분을 살릴 수 없다. 북한 지역의 산업 노후화는 점점 심해지고, 남한과의 경제 격차는 줄어들지 않는다. 북한이 갑작스럽게 붕괴된다고 하더라도 통일은 불가능하다는 여론과 북한 정권이 붕괴되면 북진을 통한 흡수 통일을 추진하자는 입장이 대립한다. 그러나 이미 분단 세대들은 통일 의지가 약하고, 매년 예상 통일 비용이 늘어나는 상황에서 통일을 반대하는 여론이 다수를 차지한다.

탈출구가 없는 북한은 핵무기를 앞세워 남한과 전 세계를 향해 공포 분위기를 거듭 조성한다. 남한은 어려운 경제 상황에서도 국방비를 계속 증가시키고 있지만 신무기로도 핵무기를 대항할 수는 없다. 미국은 한미 동맹을 강화하겠다는 입장을 유지하면서도 계속적으로 무기 거래를 요구한다. 미국의 관세 강화에 따라 대미 적자 폭이 증가하고 있지만 북핵 위기 앞에서 미국의 요구를 거절할 수 없는 형편이다.

어디서부터 잘못된 것일까. 북한의 독주를 막을 수 있는 기회가 우리에게 있었던 것 같은데 이제 해결책을 논의할 자리도 방법도 떠오르지 않는다. 신기하게도 남북한의 이 싸움은 아무도

승자가 없다. 둘 다 나아갈 곳도 물러설 곳도 없는 '남한산성'에
갇혀 있다.

2029 코리아, 평화와 번영의 길을 찾아서

지금까지 남북한 경제성장과 쇠퇴를 X축으로 남북한 통
합과 분열을 Y축으로 설정하고 4가지 시나리오를 살펴보았다.
이 과정을 거치면서 우리가 현재 처해 있는 현실을 뚜렷이 볼 수
있었고, 또한 '2029 코리아'가 '남한산성', '정글만리', '아리랑'의
시나리오가 아닌 '나의 소원'의 시나리오로 가야 한다는 점을 다
시 확인할 수 있었다. 경제성장만이 아니라 남북한 통합이 성숙
되어 한반도의 평화와 번영이 꽃을 피운, 통일이 머지않은 1사분
면의 시나리오가 반드시 우리의 미래여야 한다. 우리 아이들의
나라를 위해서 반드시 1사분면의 시나리오를 성취해야 한다. 이
시나리오는 남북한 사람들 그리고 세계 각지에 흩어진 동포들이
마음속에 품은 아름다운 소원들이 한데 모여 멋진 모자이크로 펼
쳐지는 모습일 것이다.

행여 남북한 모두 경제 발전에 매몰되다 4사분면 '정글만리'로

빠져들어 가다가도 정신 차리고 통합의 길로 나아가 다시 1사분면 '나의 소원'으로 방향을 잡아야 한다. 북한이 체제 몰락의 두려움으로 다시 핵을 품고 고슴도치가 되고자 2사분면 '아리랑' 고개에서 머뭇거리고만 있다면 남한이 통합된 힘으로 북한에게 신뢰의 길을 열어가자고 격려하며 북한이 세계 질서로 당당히 진입할 수 있도록 견인해야 한다. 그러기 위해 북한은 남한과 세계 각국의 도움과 협력으로 경제를 재건하고 남한은 북한과의 통합 과정을 시작하여 '나의 소원'이 펼쳐질 그곳으로 향해야 한다. 결단코 남북한 모두 '남한산성'에 갇히는 일은 없어야 한다.

김구 선생이 바랐던 '나의 소원'은 어떻게 만들어낼 수 있을까? 우리는 어떻게 통합의 길로 나아가 통일된 코리아를 만들 수 있을까? 통일된 코리아는 바로 경제적 번영과 함께 인간의 존엄이 한반도 곳곳에서 꽃피는 곳이다. 김구의 꿈, 그리고 우리들의 꿈은 우리와 우리 아이들의 현실에서 찬란하게 피어날 것이다.

무엇을
해야 할 것인가?

훗날 우리 아이들이 가야 할 길에 꼭 필요한 신호등,
그것이 바로 한반도 미래 예측 시스템이다.
이 시스템은 한반도에 살고 있는
우리 모두가 자기 자신을 차분히 돌아볼 기회를 준다.

"코리아는 나의 힘, 나의 힘은 코리아다"

이제 우리의 마지막 얘기를 풀어낼 순서다. 지금까지 우리는 통일 코리아를 통해 한반도를 평화와 번영의 땅으로 만들기 위해서 남한의 사회적 통합과 북한의 경제적 성장이 함께 실현되어야 함을 살펴보았다. 어찌 보면 당연하고 다 아는 주장이라고 생각할 수 있지만 과연 그럴까? 남한 사회에서는 여전히 성장이, 그것도 높은 성장률이 현재 우리의 많은 문제점들을 한방에 해결할 수 있는 만병통치약으로 생각하곤 한다. 또한 사회통합을 중요하게 생각하는 이들

독일사에서 게르만 민족의 정체성을 찾게 해주고 처음으로 독일 통일을 이끈 지도자 아르미니우스(Arminius) 동상의 칼에 새겨진 문구를 바꾼 말. 아르미니우스는 기원 후 9년경 게르만 부족을 이끌고 바루스 휘하의 로마 군대를 대파하며 토이토부르크 전투를 승리로 이끌었던 인물로도 잘 알려져 있다. 독일 토이토부르크 숲에 칼을 들고 있는 그의 동상이 있는데, 동상의 칼에 다음과 같은 글이 새겨져 있다. "Deutsche Einigkeit meine Stärke. Meine Stärke Deutschlands Macht.(독일의 하나 됨이 나의 힘이고, 나의 힘이 독일을 만든다(독일의 힘이다)."

도 과연 어디서부터 실타래처럼 얽혀버린 우리 사회의 갈등들을 풀어낼지 답을 찾지 못하고 있다.

북한은 어떠한가? 핵과 미사일을 통한 정권 안정을 최우선으로 생각하는 정권과 언젠가는 남한과 한 번은 다시 전쟁을 할 것이라고 믿고 있는 사람들에게 경제성장의 중요성을 어떻게 설득할 수 있을까? '핵과 함께' 먹고사는 문제를 해결하려는 이들에게 '핵 대신에' 먹고사는 문제가 지금 가장 시급한 일이라고 어떻게 설명할 수 있을까? 그리고 반신반의할 것 같은 그들에게 구체적으로 어떻게 하면 북한의 경제가 통합되고 성장할 수 있는지 설명할 준비가 되어 있는가? 70여 년간 다른 길을 걸어온 상대에게 지난 30여 년간 남한의 압축 고도성장을 따라 하면 된다는 막연한 설명 말고 그네들의 현실에 맞는 이야기를 해줄 준비가 필요하지 않을까?

이제 크고 중요한 이 두 가지 숙제를 풀어야 할 시간이다. 이 책을 준비한 23명이 이 큰 숙제를 완벽하게 풀어내기에는 힘에 부치지만 그럼에도 남한의 사회통합과 북한의 경제성장에 관해 조금 깊이 생각해보고 앞으로 어떤 노력들이 필요한지 고민해보고자 한다. 또 마지막으로 이런 노력을 통해 남한과 북한 그리고 한반도가 우리가 원하는 '나의 소원' 시나리오로 움직이고 있는지, 아니면 '남한산성'으로 추락하는 길로 가고 있지는 않은지 체계적으로 모니터링할 수 있는 '미래 예측 시스템'의 필요성과 예측 모델을 소개해보려 한다.

통일의 조건

2018년 6월 12일, 싱가포르 북미 정상회담이 전 세계의 이목을 집중시켰다. 회담을 마치고 미국 트럼프 대통령의 기자회견장에서는 특이한 동영상 한 편이 상영됐다. 4분 35초 분량의 이 동영상은 트럼프 대통령이 북미 정상회담 도중 김정은 위원장에게 직접 보여줬다고 알려졌는데, 북한이 핵 프로그램을 포기하고 글로벌 경제에 연결되었을 때 어떤 미래를 기대할 수 있는지를 그리고 있다. 영국의 〈가디언〉은 헐리우드 액션 영화의 예고편 같다고 비꼬았지만, 트럼프 대통령이 김정은 위원장에게 보낸 과거와 다른 미래를 선택하라는 메시지 자체는 충분히 전달되었을 것 같다.

그런데 흥미로운 점은 북한이 과거와 다른 미래를 선택하게 될 경우 나타날 희망적인 미래의 모습을 그리는 첫 장면으로 바로 북한 전 지역이 환하게 변하는 장면이 등장한 것이다. 동영상

트럼프 대통령이 김정은 위원장에게 직접 보여준 동영상의 한 장면과
미국의 대표적인 경제학 교과서 《경제성장론 입문》의 표지 이미지

출처: Pearson 출판사 홈페이지.

의 2분 37초 지점인데, 야간 중 전력 사용이 거의 없는 북한 지역 대부분이 어둡다가 갑자기 전 지역이 환하게 변하는 가상의 장면이다.

그런데 사실 이때 쓰인 사진은 경제학을 전공하는 사람들에게는 꽤나 유명한 사진의 일부이다. 왜냐하면, 미국 대학의 학부생들 사이에서 가장 많이 팔리는 경제성장론 교과서 중 하나인 《Introduction to Economic Growth(경제성장론 입문)》(찰스 존스 스탠퍼드 경영대학원 교수, 디트리치 볼라스 휴스턴 대학 교수 공저)의 표지 사진과 관련이 있기 때문이다. 이 교과서의 표지는 트럼프 대통령이 김정은 위원장에게 보여준 동영상에서 북한이 가상의 미래로 변하기 전 모습이다. 미래로 가는 출발점이 되는 이 사진은 경제성장이 궤도에 오른 남한과 이에 턱없이 뒤쳐진 북한이 공존하는 한반도의 현실을 있는 그대로 보여주고 있다.

그렇다면 이 책을 쓴 경제성장론의 권위자인 찰스 존스 교수는 왜 한반도의 사진을 이 교과서 표지로 썼을까? 아마도 2차 대전 이후 원조를 받던 국가에서 원조를 주는 국가로 바뀐 유일한 사례인 남한의 경제성장 과정을 압축적으로 보여주는 동시에 이와 극적인 대비를 보여주는 북한의 상황을 한 장의 사진으로 보여주려는 의도를 가졌을 것이다. 이를 통해서 학생들이 '한 국가의 경제성장이 어떻게 이뤄지는 것인가'라는 호기심을 갖도록 자극하기 위함이 아니었을까. 사실 남과 북의 경제성장 경로가 가져온 지금의 차이에 대해서는 이 교과서뿐만 아니라 대학원 교과서, 경제성장론의 다양한 학술서적에서 중요한 역사적 사례로 빈번하게 다뤄지고 있다.

김정은의 2017년 신년사: '세상에 부럼 없어라'

북한은 스스로 어느 정도로 경제성장을 중요하게 생각하고 있을까? 북한 선수단이 평창 올림픽에 참가하면서 2018년의 변화가 시작되었다고 해도 과언이 아닌데, 그 단서를 2018년 1월 1일 북한 김정은 위원장의 신년사에서 찾아냈다는 전문가들이 많다. 그런데 유심히 살펴보면 2017년 신년사에서는 좀 더 직접적인 용어들을 사용하고 있다. "국가경제 발전 5개년 전략 수행에 총력을 집중하여야 하겠습니다.""지난해에 이룩한 승리를 공고히 하면서 5개년 전략 수행의 확고한 전망을 열고 나라의 경제 전반을 보다 높은 단계에 올려세우자면 올해 전투 목표를 기어이 수행하여야 합니다."처럼 전투 목표와 같은 경제성장 독려 문구는 북한 특유의 용어를 제외하면 통상적인 정부의 경제 정책 관련 발표와 같은, 충분히 예상할 수 있는 내용들이었다.

2017년 김정은의 신년사에는 우리가 일반적으로 상상하기 어려운 표현들이 등장한다. "또 한 해를 시작하는 이 자리에 서고 보니 나를 굳게 믿어주고 한마음 한뜻으로 열렬히 지지해주는 세상에서 제일 좋은 우리 인민을 어떻게 하면 신성히 더 높이 떠받들 수 있겠는가 하는 근심으로 마음이 무거워집니다. 언제나 늘 마음뿐이었고 능력이 따라서지 못하는 안타까움과 자책 속에 지난 한 해를 보냈는데 올해에는 더욱 분발하고 전심전력하여 인민을 위해 더 많은 일을 찾아 할 결심을 가다듬게 됩니다."와 같이 절대적인 권한을 가진 1인 치하라고 보기 어려운 김정은 개인의 감상이 드러난다. 그런데 이러한 반성 후에 곧바로 "나는 (중략) 전체 인민이 앞날을 락관하며 '세상에 부럼 없어라'의 노래를 부르던 시대가 지나간 력사 속의 순간이 아닌 오늘의 현실이 되도록 하기 위하여 헌신분투할 것이며 (중략) 인민의 참된 충복, 충실한 심부름군이 될 것을 새해의 이 아침에 엄숙히 맹약하는 바입니다."라는 표현이 나온다. 우리가 앞서 제시한 북한 시나리오 1번 '세상에 부럼 없어라'는 김정은 위원장 스스로 생각하는 이상적인 북한의 경제 성과를 가장 쉽게 설명하는 문장이었다.

　한반도의 경제적 성과는 또 어떻게 정의해야 하는가? 우리는 앞서 남북한 통합 시나리오를 4개로 요약했다. 4개의 시나리오 중 어느 것이 우리의 미래가 될지를 결정하는 두 개의 축은 가로축인 남북의 경제적 성과와 세로축인 정치적 통합인데, 여기서 말하는 남북의 경제적 성과는 각자의 경제성장과 더불어 북한의 경제 추격을 통해서 남북한 경제 격차 해소까지 이뤄지는 것을 의미한다. 다시 말해서, 남한도 북한도 경제적 성장을 이루는 과정에서 상대적으로 북한의 경제적 성장이 더 빠르게 진행되어 남북한이 모두 더 잘살게 되면서 서로의 경제적 격차가 줄어드는 것이 남북한이 바람직한 경제적 성과를 얻게 되는 길이라고 본다.

　하지만 여기에 남북한 경제의 통합이라는 추가적인 조건을 부여하는 것이 필요하다. 남북한 경제가 동시에 성장하고 경제적 격차가 완화된다고 하더라도, 남한과 북한의 경제적 교류가 지속적으로 낮은 수준을 유지한다면, 이는 한반도의 경제적 성과라고 보기 어려울 것이다. 2016년 UN의 경제제재에도 불구하고 북한의 경제성장률이 3.9%로 발표[◎]되면서 2.8%를 기록한 남한에 비해 높은 경제 성과를 보였다. 여기에 많은 사람들이 주목했지만, 누구도 이를 바람직한 한반도의 경제적 성과라고 생각하지 않는다.

그렇다면 어떤 지표를 들여다봐야 남북한의 경제적 성과를 확인할 수 있을까? 이 질문에 답하기 위해서 독자 여러분을 대학교 1학년 경제학원론 수업 강의실로 초대해 국내총생산(GDP)에 대한 개념부터 간단히 돌아보려 한다.

Back to the Basic: 경제성장은 무엇인가?

한 나라의 경제적 성과를 이야기할 때 가장 많이 쓰는 지표는 경제성장률이다. 그런데 경제성장률은 전년도 대비 올해 실질 국내총생산이 얼마만큼 상승했는지를 계산하면 얻을 수 있는 수치다. 실질 국내총생산은 무엇인가? 1년 동안 국가 전체적으로 생산한 모든 재화와 서비스의 가치를 다 더한 것에서 물가 상승으로 인한 효과를 제거한 수치다. 즉 산술적으로는 한 해 동안

◎ 한국은행, "2016년 북한 경제성장률 추정 결과", 2017. 7. 22.

생산한 제품과 서비스에 각각의 가격을 곱해서 전부 더하면 얻을
수 있다.◎

　그런데 이렇게 도출된 국내총생산은 생산의 측면으로 보느냐,
지출의 측면에서 보느냐에 따라 두 가지 다른 방식◎으로 다시 쓸
수 있다. 생산의 측면 방식은 한 국가가 생산에 필요한 요소들을
얼마나 투입하고 어떻게 결합해 생산해냈는지를 관찰할 수 있고,
지출의 측면 방식은 이렇게 생산된 재화와 서비스를 한 국가의
구성원들 가운데 누가 어떻게 소비했는지를 볼 수 있다. 즉 생산
국민소득은 국내총생산을 위해 그 국가의 얼마나 많은 노동력과
인적 자본 그리고 자본이 투입되었고 이 요소들이 어느 정도 효
율적으로 결합되었는지가 총요소생산성으로 나타난다. 다음으로
지출 국민소득은 이렇게 생산된 국내총생산이 민간의 영역에서
소비되느냐, 아니면 다음번 국내총생산을 위해 투자되느냐, 혹은
정부에 의해 활용되느냐, 얼마만큼이 해외에서 소비되고, 또 얼
마만큼을 해외에서 가져왔느냐를 가늠할 수 있다.

　남북한의 경제적 성과를 들여다보기 위한 지표를 찾기 위해

◎ 이를 식으로 표현하면 다음과 같다. (국내총생산)$Y=P1 \times Q1+P2 \times Q2+\cdots\cdots+Pn \times Qn$(Y=국내총생산, P= 재화나 서비스의 가격, Q=해당 재화의 생산량, 단, 한 국가의 재화와 서비스 전체 숫자는 n개라고 가정).

◎ (생산국민소득)$Y=\alpha \times f(L, H, K)$(Y=국내총생산, α=총요소생산성, f=생산함수, L=노동, H=인적자본 (교육 등), K=자본). (지출국민소득)$Y=C+I+G+(X-M)$(Y=국내총생산, C=소비, I=투자, G=정부지출, X= 수출, I=수입).

왜 이런 기초를 다시 들여다봐야 할까? 우리가 앞서 정리한 3가지 방식을 통해서 남북 각각의 성장 그리고 남북의 교류가 어떻게 늘어날 수 있을지를 확인할 수 있기 때문이다.

 남한이 원조받던 나라에서 원조를 하는 나라로의 변신할 수 있었던 경제성장의 원동력은 어디에 있을까? 생산의 측면에서 보면 농업에서 공업으로의 변화에 따른 노동 투입 증가와 교육을 통한 인적 자본 축적 그리고 중화학 공업으로 대표되는 자본 축적에서 찾을 수 있다. 반대로 지출의 측면에서 보면 제일 중요한 지표가 수출과 수입이다. 남한은 지금이야 세계 7위의 수출 대국이 되었지만, 구매력이 없던 경제 개발 시절 해외 시장으로의 수출은 늘어난 생산이 수요로 연결되는 가장 효율적인 지점이었다. 남한의 예를 통해 경제가 얼마만큼 해외 경제에 의존하는지는 수출과 수입을 더한 금액이 국내총생산과 거의 비슷한 규모를 차지한다는 데에서 쉽게 알 수 있다. 이러한 남한의 경험에서 북한 역시 비슷한 경제 발전 경로를 통해 경제성장을 꾀할 확률이 높다고 유추해볼 수 있다.

 남북한의 경제적 성과는 남북한 각각의 수출과 수입을 합친 무역수지와 남북 간 교역량으로 측정하는 것이 자연스럽다. 향후 10년간 독일의 통일과 같은 급격한 정치적 통합이 남북한 사이에 일어나지 않는다고 가정한다면, 남북한 간의 경제적 교역이 늘어나는 것은 남한과 북한의 경제성장에 기여할 뿐 아니라 향후 정치적 통합의 토대가 될 수 있다.

1990년 이후 대외 무역을 통해 본 북한의 경제성장

북한의 경우는 과연 어떻게 무역을 통해서 경제성장을 이뤄낼 수 있을까? 우선 북한이 무역에 있어서 어떤 경로를 밟아왔는지 지난 과거를 돌아보기로 하자. 영화 '강철비'를 보면, 북한 내 쿠데타를 진행하는 정찰총국장 이태한 대장이 핵무기에 대한 통제권을 확보하면서, 과거 '고난의 행군'에 300만이 희생되면서 만든 핵무기라고 소리 지르는 장면이 나온다. 그만큼 북한에서 1990년대는 1994년 김일성 사망 이후 '고난의 행군'이라는 최악의 식량난과 경제 위기로 요약된다. 이를 경제적인 관점에서 바라본다면, 국내총생산 자체가 감소하는 동시에 노동력, 자본 같은 생산 요소 역시 감소한 것으로 볼 수 있다.

2000년 이후는 어떻게 달라졌을까? 관련 연구에 따르면 2000~2010년 기간 동안 북한의 대외 무역은 두 배 이상 늘어났으며, 이를 통해 점진적인 회복세를 보인 것◎으로 알려져 있

◎ 아래 내용은 이석, 〈5.24 조치, 장성택의 처형 그리고 북한경제의 딜레마〉, 한국개발연구원, 2014. 3. 4.

다. 또 하나 주목할 점은 2000년부터 10년간 북한의 경제성장에 기여한 대외 무역이 한국과 중국에 집중되어 있었다는 점이다. KDI의 연구는 2005년 이후 북한의 대외 무역에서 남북 교역은 30~35% 정도를 차지하고, 북중 교역은 40~57%를 차지했다고 분석했는데, 이 둘을 합치면 전체 북한 무역의 90%를 차지할 만큼 북한의 대외 교역에서 남한과 중국이 차지한 비중은 절대적이었다. 여기에 한 가지 더 중요한 점은 북한의 대외 무역 양대 축이었던 남한과 중국이 상호 보완적인 관계였다는 점이다. 북한은 중국으로부터 체제 유지에 필요한 물자를 무역 적자를 감수하면서 수입을 해왔고, 남한에는 자연 채집물과 각종 농수산물을 수출하며 무역 흑자를 달성하면서 둘 사이에 일정한 균형을 유지했다.

하지만 2010년 천안함 사태에 이어 개성공단을 제외한 남북 교역 및 대북 신규 투자를 금지한 5.24 조치가 실행되면서 이러한 대외 교역이 큰 폭으로 변화하게 된다. 북한의 입장에서는 자국 수출의 30%를 넘게 차지하는 시장이 갑자기 사라지게 된 것인데, 중국 이외의 대체 시장이 없다 보니 남한으로의 수출을 중국으로 대체하는 것을 시도하게 된다. KDI의 연구[o]에 따르면 기

---

[o] 이석, 〈5.24 조치 이후 남북교역 및 북중 무역의 변화 분석〉, 한국개발연구원, 2013.

존에 북한의 대남 수출 가운데 35%만이 대중국 수출로 대체된 것으로 나타난다. 즉 북한은 전체 수출의 20% 이상이 5.24 조치로 인해 감소될 상황이었다.

그런데 북한의 2010~2012년 대중국 수출은 150% 가까이 증가하면서 남한으로의 수출 감소를 메우게 되는데, 이는 사실상 무연탄과 철광석 단 두 가지 품목에 의해서 이뤄진 것으로 분석된다. 이 두 품목의 대중국 수출은 2010년부터 2012년까지 2009년 대비 연평균 세 배 이상 증가함으로써 북한의 전체 대중국 수출 증가액의 무려 64%를 차지하게 된다. 즉 5.24 조치로 인한 남한으로의 수출 감소분을 무연탄과 철광석이라는 지하자원의 중국 수출을 통해 극복한 것이다.

북한이 무연탄과 철광석의 대중 수출을 통해 수출을 늘려가면서 경제성장을 해온 점은 최근 한반도의 변화에 많은 점을 시사한다. 5.24 조치 이후 무연탄의 대중 수출은 북한 전체 수출의 40% 정도를 차지해온 것[◎]으로 분석되는데, 2017년 북한의 6차 핵실험 이후 유엔이 채택한 대북 제재 결의안 2375호에서 북한의 주요 수출품을 규제하는 데 있어 무연탄과 철광석이 핵심적인 대상이 되면서, 북한은 이번 수출 감소로 경제적 충격을 받

◎ 이종규, 〈북한의 대중 무연탄 수출 감소: 원인과 의미〉, 한국개발연구원, 2015. 6. 5.

았다. 이 충격은 5.24 조치로 대남 무역 감소로 받은 충격보다 더 컸다.

지금까지의 북한의 대외 무역 구조는 중국을 겨냥한 무연탄, 철광석 수출로 요약될 수 있다. 그렇다면 1차적으로 북한이 수출 확대를 통한 경제성장을 하기 위해서는 유엔 제재로 대중 수출이 감소한 무연탄과 철광석 등을 다시 정상화시키는 작업이 필요할 것이다. 하지만 이를 위해서는 북한이 핵실험으로 초래한 UN 제재를 비핵화의 노력으로 해소해야 하는 작업이 필요하다는 점에서 정치적인 환경과 결부되어 있다. 또한 북한이 자국의 전략 물자인 무연탄과 철광석의 수출 확대에 계속 의존하는 방식으로 경제성장을 유지하는 것은 생산 측면에서의 국내총생산으로 볼 때 곧 한계에 부딪힐 수밖에 없다. 2000년부터 2010년까지 북한이 남한과 중국으로의 상호 보완적인 대외 무역을 유지했던 상황을 감안한다면, 궁극적으로 남한으로의 수출을 늘리는 것이 앞으로 북한이 고려할 수 있는 선택지로 보인다.

한반도 경제성장의 열쇠, 남북의 교류 증대

김정은 위원장이 남북 관계와 북미 관계 개선을 통해 비핵화를 달성하고 본격적인 북한의 경제 개발을 시작한다면 북한의 대외 무역은 다음 3가지 방향에서 확대될 수 있을 것으로 예상된다. 첫째는 최근 북한의 대외 무역에 절대적인 영향을 미치는 중국으로의 수출을 회복하는 것이고, 둘째는 남한과의 무역을 과거 수준으로 회복하는 것이며, 세 번째는 미국과의 관계 개선을 통해 글로벌 시장 전체로의 접근성을 높이는 것이다.

첫 번째인 북한의 대중 수출은 북한이 비핵화 노력을 국제사회로부터 인정받아 UN 제재가 해제된다면 빠른 속도로 회복될 것이다. 지난 10년간 중국과의 다양한 교역 구조가 확립되어 있기 때문에 이 네트워크의 회복은 비교적 쉽게 회복될 것이다.

두 번째, 북한의 대남 수출이 회복되는 것은 다시 3가지 방식으로 나눠질 것으로 예상된다. 먼저, 첫 번째로 북한의 지하자원을 포함한 다양한 원료에 대한 남한 제조업의 수요가 있고, 이에 대한 수출이 이뤄질 것이다. 다만 남한 제조업은 글로벌 원료 조달 체계가 구축돼 있어 조달 루트를 쉽게 변경하지는 않는다. 두 번째로 개성공단과 같이 북한의 노동력을 활용해서 북한에 비해 훨씬 큰 내수 시장을 가진 남한의 수요를 충족하는 방식이 될 가능성이 있다. 즉 북한이 남한이 요구하는 제품과 서비스를 기존보다 싸게 공급할 수 있다면 이 역시 또 다른 북한의 수출 증대 기회가 될 것이다. 마지막으로 북한이 보다 전면적으로 경제 개발을 시작한다면 세계적인 경쟁력을 가진 남한의 제조업과 협업을 통해 새로운 방식으로 해외 시장 공략에 나설 수 있는 가능성이 있다. 최근 남한의 제조업이 중국의 기술 발전에 추격당하면서 새로운 돌파구가 필요하다는 점을 감안하면, 개성공단과는 다른 방식으로 글로벌 시장을 겨냥한 남북 경제협력이 검토될 수 있다. 예를 들어, 북한에서 1차 가공된 부품을 남한으로 수출한 뒤, 고부가가치 제품으로 완성하여 다시 글로벌 시장으로 수출하는 방식도 가능할 수 있다.

세 번째는 북한이 비핵화를 통해 미국과의 관계를 새로운 차원으로 변경할 수 있다는 가정하에 고려해볼 수 있다. 이 경우 기존의 무역 대상이 남한과 중국으로 국한되었던 것 이상의 변화가 가능할 것이다. 예를 들어, 미국 기업이 직접 북한에 투자를 해서 미국 또는 다른 국가에 수출을 할 수 있게 된다면 이는 지금까지와는 전혀 다른 방식으로 북한의 수출 확대를 이끌어 경제성장을 앞당길 수 있는 방법이 된다. 만약 이런 변화가 현실화될 경우, 남한-일본-미국과 북한-중국-러시아의 대결 구도였던 동북아 국제질서에도 변화가 생기면서, 6개국의 경제적 관계 역시 변화가 생길 수 있다. 다만 최근 고조되고 있는 미국과 중국의 패권 다툼을 감안할 때, 6개국이 경제적 협력을 급속도로 확대하기는 쉽지 않을 것이라는 예상도 충분히 가능하다.

그렇다면 남한은 어떤 방식으로 경제성장이 가능할까? 앞서 북한이 3가지 방향으로 무역을 늘려나가면서 경제성장을 달성할 수 있는 것은 그동안 북한의 대외 경제 관계가 지나치게 협소했기 때문이다. 남한은 북한이 택하는 전략을 대부분 이미 실행해왔기 때문에, 지금까지와 달라질 것은 북한과의 교역을 어떤 방식으로 늘려갈 것인가와 이렇게 늘려간 방식이 남한의 경제성장에 어떤 기여를 할 수 있게 될 것인가이다. 북한이 생산에 필요한 노동과 자원의 공급처가 될 수 있다는 점 그리고 남한의 상품과 서비스의 수요처가 될 수 있다는 점에 대해서 많은 사람이 이미 지적해왔다. 무엇보다 2000년~2010년 사이 남북 교역이 새롭게 시작될 당시와 지금의 글로벌 경제가 달라졌다는 점을 감안하면 새로운 성장 동력을 찾는 남한 기업들이 북한을 적극적으로 활용하려는 움직임 가운데 새로운 가능성들을 찾아낼 수 있을 거라는 기대를 갖게 한다.

통일 전후 독일이 주는 역사적 교훈

2016년 KBS의 강연 프로그램인 '명견만리'에 출현한 미국 투자가 짐 로저스는 두만강 하구의 한반도, 중국, 러시아 3국의 접경 지역이 가진 경제적 가능성에 대해 직접 설명하면서 많은 사람에게 남북의 통일이 가져올 경제적 효과에 대한 관심을 고취시켰다. 이 강연을 상세히 기록한 책《명견만리》에서는 갑작스런 정치적 통일을 맞은 독일이 통일 전까지 꾸준히 동서독 간의 교류를 증가시켜온 점에 주목했다. 이 책에 따르면 동서독의 교류는 1950년대에 비해 1990년 통일 전까지 17배 이상 증가해왔다.

하지만 독일의 경우를 볼 때 동서독 간 교류 증대가 독일 전체의 경제적 성과에 미치는 영향보다는 독일 통일 이후 독일이 유럽의 나머지 국가들과 경제적 교역을 확대하면서 얻게 된 영향에 더 주목해야 한다. 실제로 동서독이 통일 전부터 지속적으로 교역을 늘려온 것은 사실이지만, 독일은 통일 이후 심각한 불황을 겪으면서 한때 '유럽의 병자'라고 불릴 만큼 후유증을 겪어야 했다. 물론 독일은 불황과 실업을 겪은 이후 회복의 길로 들어섰고, 최근에는 다른 동유럽의 체제 전환국과 비교할 때 별로 나쁜 실적이 아니었다는 평가[©]도 나오고 있다.

우리가 여기에서 독일의 사례에서 얻어야 할 교훈은 무엇인가? 지금 유럽 경제를 지탱한다는 평가를 받는 독일의 현재를 통해 과거를 반추해보자면, 독일은 자국의 통화를 유로로 전환하면

© 김석진, 〈독일 통일 20년의 경제적 교훈과 시사점〉, 통일연구원, 2010. 9.

서 동독과의 통일에서와 같은 여러 가지 후유증을 겪었지만, 결국 유럽연합 전체를 단일 화폐인 유로를 사용하는 경제권으로 묶어내면서 독일 제조업의 시장을 확보했다. 이는 4개의 향후 남북한 시나리오에서 주된 결정 요인인 경제적 성과를 결정하는 것이 남북한 각각의 성장과 경제적 교류 확대라고 정의할 때, 단순히 남한과 북한의 수출입이 늘어서 서로의 경제성장이 나아졌다는 점에 만족할 것이 아님을 시사한다. 독일의 사례와 같이 남북한의 교류 확대가 남북한 주변국과 어떻게 추가적인 경제적 교류 확대로 이어질지를 염두에 두어야 한다. 예를 들어 남북의 교류를 통해 남한 제조업이 러시아와 교류하고, 북한이 일본에 수출을 할 가능성이 높아질 때 좀 더 안정적으로 남북한이 경제적 성과를 창출할 토대가 구축된다고 볼 수 있다.

하지만 유럽연합을 이뤄낸 유럽에 비해 동북아는 정치적, 경제적 협력을 구축해온 역사가 짧다. 전후 70년을 거치며 핵 개발까지 가는 갈등을 겪은 남과 북은 물론, 2차 세계대전과 한국전쟁의 상대국인 미국, 중국, 일본, 러시아가 과연 유럽과 같은 경제적 교류가 가능한 협력 체계를 만들어낼 수 있을 것인가에 대해서는 쉽게 긍정적인 결과를 상상하기 어렵다. 하지만 2차 세계대전에서 철저하게 싸웠던 독일과 프랑스가 지금의 협력 체계를 만들어낼 수 있을 거라고 상상했던 사람들은 많지 않았다. 이들

역시 수십 년간의 대화와 노력 끝에 지금의 유럽연합을 만들었다
는 점을 감안하면, 동북아 국제 질서에서 남북한의 경제적 성과
가 지속적으로 창출될 수 있는 구도 역시 시간이 필요하겠지만
얼마든지 가능한 일이라고 본다.

시장 확대를 위한 주변국의 경쟁: 일본 그리고 중국

우리는 앞서 남북한의 경제성장 통합지수를 구성하기 위
해 남북한 각각의 경제성장과 남북한 교역 증가가 한반도 경제성
장의 중요한 요소가 될 것이라는 점을 확인했다. 또한 독일 통일
전후의 사례를 통해 단순히 남북한의 교역 확대를 넘어 남북한이
주변국과 지속적으로 경제적 교류를 확대하는 틀을 만드는 것이
좀 더 안정적인 경제적 성과 창출의 토대가 된다는 점도 짚어보
았다.

그렇다면 한반도를 둘러싼 주변국들은 이런 남북한 경제적 교
류 확대와 이를 넘어선 경제적 토대 구축에 어떤 태도를 취할 것
인가? 중국과 일본은 역사적으로 이미 한반도를 그들의 시장으
로 활용하기 위해 다양한 시도를 해왔고, 이 과정에서 한반도가
외세의 부당한 침략을 받기도 했다. 아픈 역사지만 한반도 주변
국들의 과거 역사를 잘 돌아보면 남북한 교류 확대를 통한 경제

성장이라는 목표에 어떤 장애물들이 등장할 수 있을지 예상할 수 있다. 또 다른 한편으로 그들을 어떻게 하면 우리 편으로 만들 수 있을지 고민해볼 수도 있다.

중국은 20세기 후반 청나라가 영국과의 아편전쟁에 패하기 전까지만 해도 지난 2,000년 동안 한반도 주변의 최강국이었다. 지난 2017년 미중 정상회담에서 중국 시진핑 주석이 미국 트럼프 대통령에게 한반도는 원래 중국의 땅이었다고 말했다는 보도를 봐도 중국이 늘 한반도를 자신들의 영향력에 두고 싶어 한다는 것을 쉽게 알 수 있다. 중국은 북한을 대상으로는 무연탄과 철광석을 대량으로 구매하면서 독보적인 무역 상대국 역할을 맡아 영향력을 유지하려 했고, 남한을 대상으로는 사드 배치가 자신들에게 미치는 부정적인 영향을 강조하면서 우리의 대중 수출에 심각한 악영향을 미치며 우리에 대한 영향력을 유지하려 했다. 이를 보면 중국이 과연 남북한의 경제적 교류가 잘 이뤄지는 것에 어느 정도 호의적인 태도를 취할지를 예측하기는 쉽지 않다. 다만 확실한 것은 중국의 경제 규모가 계속 커지면서 그들이 미국과 대등한 국제적 영향력을 유지할 의사가 충분하다는 점을 감안할 때, 남북한이 중국에 대해 어떤 관계를 가져갈 것인지가 중요한 쟁점이 된다는 것이다. 좀 더 구체적으로는 중국과의 협력을 남북한 교류 확대에 어떻게 기여하게 만들 것인지가 앞으로 중요한 과제가 될 것이라는 예상을 해본다.

일본은 제국주의 시절 한반도 전체를 식민지화했던 국가로 한반도를 넘어 만주로, 중국 본토로 동남아시아로 계속 그 영향력을 확장해나갔다. 미국의 절대적 영향력에 발맞추고 있는 일본이 갑자기 과거와 같은 제국주의 침략을 반복할 확률은 높지 않지만, 일본이 과거 한반도를 통해 어떻게 자신들의 시장을 확대해나갔는지는 우리에게 시사하는 바가 작지 않다.

최근 김정은 위원장이 관광 특구로 개발하기 위해 관심을 집중하고 있는 원산은 1876년 일본이 강화도조약을 맺으며 조선의 3대 개항지를 지정했을 당시 부산, 인천과 함께 지정한 곳이다. 그 이후 원산 인근의 함흥과 흥남은 일본 이외의 지역 중에서 중화학 공업이 가장 발달한 지역으로 변신했고, 여기서 전쟁 물자를 생산해 만주로 보내면서 일본은 한반도와 지금의 중국 동북 3성인 만주를 자신들의 영향력하에 두게 된다. 다시 말해서, 일본은 1차 세계대전 이후 대공황 때 전 세계가 경제 블록화되는 시점에 일본 열도를 벗어나서 한반도와 만주를 자신들의 시장으로 확보한 것이다.

지난 역사를 돌아보면, 동북아의 여러 국가들은 자신들의 입장에서 상대국을 시장으로 확보하려는 노력을 지속해왔으며, 이런 움직임은 상대국과 상호 이익이 되는 관계를 구축하기보다는 자신에게는 유리하지만 상대에게 피해를 주는 경우가 대부분이었다. 일본이 한반도를 식민지화한 것은 대표적인 사례다. 이렇게 동북아의 강대국 간 협력의 역사적 경험이 적은 사실은 남북한 경제 통합과 성장에 부정적인 영향을 미칠 확률이 높다. 그렇기 때문에 남북한이 진정으로 경제성장과 통합을 추진하기 위해서는 주변 강대국들과의 공동의 이익 확보 체계 정립이 주요한 선결 과제가 될 것이다.

북한 경제 통계 구축이 중요하다

우리는 지금까지 남북한 경제 성과에 대한 몇 가지 지표들을 도출했다. 무엇보다 남북의 무역 확대를 통한 경제성장과 북한 인프라 투자를 통한 자본 축적이 그 지표의 대상이었다. 그런데 이 모든 논의의 출발은 북한의 경제적 성과에 대한 올바른 측정이 가능해야 한다는 것이다. 즉 북한의 경제 통계가 잘 구축되어야 남북한의 경제적 성과가 어떻게 만들어지고 있는지를 확인할 수 있다. 하지만 북한 경제 통계와 관련된 현실©은 기대에 전혀 미치지 못하고 있고, 연구자들은 북한 통계의 부족이 어느 정도 심각한지에 대해서 기회가 될 때마다 강조하고 있는 실정이다.

가장 극적인 사례를 들자면, 북한의 GDP 산출을 위한 가격 정보가 우리에게는 없다. 그렇다면 모든 재화와 서비스의 가격과 생산량을 합산해야 도출되는 북한 GDP는 어떻게 산출되었는가? 북한의 경제성장률을 추정하는 2017년에 발행된 한국은행의 보고서 〈2016년 북한 경제성장률 추정 결과〉 첫 장에는 다음과 같은 주의가 명시되어 있다. "북한의 경제성장률, 산업 구조 등 국민 계정과 관련된 지표는 우리나라의 가격, 부가가치율 등을 적용하여 산출됨에 따라 이들 지표를 여타 나라들과 직접 비교하는 것은 바람직하지 않음." 즉 북한의 GDP를 산출하기 위해 남한의 가격을 사용해왔다는 것이다.

곰곰이 생각해보면 북한에서 가격 정보를 구하는 것은 쉬운 일이 아니다. '고난의 행군' 이후 장마당을 통한 개인 간 거래가 활성화되었다고 해도 공식 시장과 장마당의 이중 가격 체계에서 제품과 서비스의 가격에 대한 정보가 손쉽게 축적될 확률은 낮다. 북한이 어떤 방식으로든 경제 발전 전략을 택해서 이를 추진해나가기 위해서는 북한의 국내총생산 같은 경제 통계가 가장 기

◎ 북한 통계에 대한 개괄적인 소개는 〈통계를 이용한 북한 경제 이해〉(한국은행, 2014. 11.)를 참고할 것.

초 요건에 해당하지만, 현실은 이와 상당히 괴리되어 있다는 점을 인정해야 한다. 따라서 남북한의 경제적 성과가 한반도의 시나리오에 영향을 미치는 중요한 요인이라는 점을 충분히 인식했다면, 북한의 경제 통계를 어떻게 확보할지 그리고 이를 어떻게 분석해서 남북한의 경제성장에 기여하는 정보로 구축할 것인지에 대해서도 고민하고 이를 개선하기 위한 토대를 구축하는 데 자원을 투입해야 한다.

남한의 통합은 반드시 필요한 전제 조건

남북이 화합해 동북아시아의 평화 체제하에서 통일 코리아를 만들어나가는 일은 아주 중요한 문제다. 이를 위해서는 장기적이고 일관된 목표 의식과 국민적 합의를 기초로 한 정책이 뒷받침되어야 한다. 하지만 정권이 바뀔 때마다 내부적 갈등의 수준은 오히려 높아졌고, 이에 따라 남북이 화합하거나 평화 체제를 구축하기 위한 정책이 나오지 못했던 것도 사실이다. 따라서 우선적으로 남한 내부적으로 발생하는 갈등에 관한 문제를 심도 있게 이해하고 해결하기 위한 노력이 필요하다. 사회통합이란 사회의 구성원 사이에서 충돌하는 이해관계, 가치로 말미암아 발생하는 갈등 및 분열과 같은 상황을 해소하고 완화하는 것을 의미한다. 갈등은 서로 다른 신념이나 물질에 대한 태도 및 문화적 정체성으로 인해 더욱 복잡한 양상을 띠게 된다. 이와 같은 문제를 해결하기 위해 효과적으로 해결책을 제시하고 사회를 통합시키는 경우 해당 사회는 발전하는 반면, 그렇지 못한 경우 발전이 지체되거나 퇴보하게 된다.

남한은 1945년 독립 이후 특히 해방 공간 3년 동안 보수와 진보적 사상의 소모적인 갈등으로 훌륭한 인재를 잃은 경험을 했다. 결과적으로 한반도 분단 구조의 고착화를 막는 데 실패했다.[◎] 이후 독재 및 군사 정권들이 정권의 취약성을 감추고 상대 정적을 탄압하기 위해 소모적인 갈등을 지속시킴으로써 남한의 민주화를 지연시켰을 뿐만 아니라, 국론을 분열시키고 사회의 갈등을 증폭시켰다.

남북의 통합과 오랜 민족의 염원인 통일을 이룩하고 치열한 국제사회에서 국가 경쟁력을 회복하기 위해서는 우리 사회의 국론 분열을 극복하고, 무엇보다 먼저 우리 사회에 내재하고 있는 여러 갈등을 극복해야 한다. 특히 2018년의 남북 및 북미 정상회담으로 남북 통일의 환경이 변화되고 있음에 비추어 볼 때 보수와 진보라는 낡은 이념 간의 갈등은 반드시 극복되어야만 할 것으로 보인다. 한국 사회의 내적 갈등들은 남북 관

◎ 황성모, 《해방 5년사의 재조명 – 한국 현대사의 정치·사회적 인식》, 국토통일원, 1987, pp. 50~51.

계, 즉 한반도 통일과 민족 통합과 첨예한 대립을 보이는 경향
이 있다. 따라서 남북 통일을 위한 경제 문화 교류도 중요하지
만 그것보다 먼저 우리 사회 안에서 증폭되는 여러 갈등을 인정
하고 이를 극복하기 위해 적극적이고 구체적인 노력이 필요하
다. "채소를 먹으며 서로 사랑하는 것이 살진 소를 먹으며 서로
미워하는 것보다 나으니라."라는 성경의 구절을 다시 한 번 곱
씹으며, 우리 안의 갈등 극복이 한반도 평화와 번영의 첩경임을
인식해야 할 것으로 보인다.

한반도 미래 예측 시스템 v1.0

당연한 말이겠지만 미래를 남들보다 한발 앞서 예측할
수 있는 능력이 있다는 것은 엄청난 결과를 만들어낸다. 세상은
종종 한 발이라도 앞서 준비한 자에게 기회를 주고 위기를 모면
할 수 있게 하기 때문이다. 시나리오 플래닝은 개인적인 차원에
서는 마치 조기 건강검진과도 같다. 주기적인 검진을 통해 암과
같은 중병이 온몸 전체에 퍼지기 전에 미리 발견하는 것처럼 시
나리오 플래닝 기법은 우리가 지금 어디로 가는지를 사전에 예측
할 수 있게 해준다. 기업적인 차원에서 시나리오 플래닝은 앞서

소개했던 세계적인 석유회사 로열 더치 셸의 경우처럼 기업의 존폐를 결정할 기회와 위기를 사전에 포착하게 한다. 국가적 차원에서 시나리오 플래닝은 국가가 흥망성쇠의 길 중 어느 길로 가고 있는지를 볼 수 있는 귀한 기회를 제공한다.

개인, 기업, 국가 모두에 시나리오 플래닝이 필요하다면 다이내믹하기 그지없는 한반도가 도대체 어느 방향으로 가는지 긴 호흡을 가지고 볼 수 있는 능력이 더욱 절실하다. 그러나 우리가 살펴본 바로는 그 어디에도 한반도의 미래를 중장기적 시각에서 체계적으로 모니터링할 수 있는 시스템은 찾을 수 없었다. 경제를 중심으로 각 부분별 예측 및 분석에 관한 자료는 많았지만 이를 하나로 통합한 시스템이나 또 가장 중요하게는 우리 한반도가 앞으로 도달해야 할 미래상에서 현실이 얼마나 가까운지 혹은 멀리 있는지를 평가하는 시스템은 없었다. 정신없이 달리고 있지만 어느 방향으로 가는지도 알지 못하는 것처럼 위험한 일이 어디 있다는 말인가! 그래서 우리가 한번 도전해보기로 했다. 첫술에 배부를 수야 없겠지만 한반도의 미래를 살아가야 할 우리 세대를 위해 꼭 한번 도전해보고 싶은 과제였다.

'미래 예측 시스템'은 어떻게 만들까?

한반도 시나리오 미래 예측 시스템 구축, 그 첫 과정은 10년 후 한반도의 미래에 큰 영향력을 미칠 핵심 동인을 찾는 데서 시작한다. 그리고 앞부분에서 설명했듯이 우리의 한반도 시나리오는 정치, 경제, 환경·자원, 사회, 기술이라는 5가지 핵심 요인이 좌우한다고 설정했다. 이는 국가 단위의 시나리오 플래닝 기법에서 일반적으로 사용하는 핵심 요인과 일치한다.

다음 과정은 각 핵심 요인별 상황을 점검할 수 있는 지표 혹은 사인 포스트를 발굴하는 일이다. 발굴이라 하였지만 세상에 없던 것을 새로 만드는 방법뿐만 아니라 기존에 존재하는 여러 가지 지표와 지수들을 한반도의 상황에 맞게 조합하고 연결하는 방법도 존재한다. 우리는 후자의 경우를 택했다. 새로운 지수를 만드는 시도보다 이미 권위 있는 여러 가지 지수와 지표들을 분석해서 한반도 상황에 적합하게 적용하는 것이 가장 신뢰 있는 지수를 만드는 방법이라는 판단이었다. 국내뿐만 아니라 해외 자료들을 가능한 한 조사해 한반도 시나리오에 적합한 핵심 요인 지수들을 만들고 이들을 통합하여 한반도 시나리오 미래 예측 시스템을 만들어보기로 했다.

개념 자체는 간단하다. 핵심 동인별로 주요 사인 포스트들과 모니터링을 위한 지수·지표를 개발하고 각 지수·지표별로 정상 범위와 비정상 범위를 산정하는 것이다. 마치 건강검진을 위해 어떤 검사들을 해야 하는지 결정하고 각 검사별로 정상 수치 범위와 이상 수치 범위를 결정하는 과정과 일맥상통한다. 특히 검사 대상의 성별, 나이, 병력 등을 고려해 검사 결과를 해석하고 필요하면 추가 검사를 실시하는 것처럼 한반도 시나리오 미래 예측 시스템도 기존의 핵심 동인별 지표와 지수들을 한반도라는 특수 상황에 맞게 조정하는 과정을 거쳤다.

이와 같은 시스템이 만들어지면 그다음은 주기적으로 (6개월 혹은 매년) 각 핵심 동인별 사인 포스트에 관한 분석과 지표·지수에 대한 평가 추정을 가지고 한반도가 어떤 미래를 향해 나아가고 있는지를 평가하는 과정이 필요하다. 이러한 과정을 통해 한반도가 가장 좋은 시나리오 방향으로 나아가기 위해서 어떤 핵심 동인이 잠재적 위험 요소인지 판단하여 정부 및 사회의 노력을 집중하는 선제적 전략을 수립하는 데 큰 도움을 줄 수 있다. 마치 가장 정확하고 도움이 되는 건강검진 방법은 그때그때의 검사 결과 분석뿐만 아니라 같은 검사를 주기적으로 반복해서 신체가 시간이 지남에 따라 어떻게 변하고 있는지 그 방향성을 분석하는 방법인 것과 같은 맥락이다.

이 과정에서 중요한 것은 각 핵심 요인들 간의 상관관계와 상

핵심 동인	주요 사인 포스트	모니터링 지수·지표	정상 범위	비정상 범위
경제성장	무역 규모, 인프라 투자, 경제성장률	경제성장 통합지수	?	?
사회통합	법·제도, 관계, 의식 통합	(변형된)© 사회통합지수	6~10단계	0~5단계
환경 관리	백두산 화산 폭발 위험 관리 정도, 미세먼지 통합 관리	환경성과지수 (EPI)	환경성과지수의 평가대상으로 북한의 포함 및 남한과 북한의 지속적인 순위 상승	환경성과지수에서 북한이 평가대상으로 참여 불가
기술 활용	인터넷 보급률, 국제 특허 증가율, 연구 개발 예산 증가율	정보 통신 기술 발전 지수	추후 확정	추후 확정

한반도 미래 예측 시스템 개념도

대적 중요성을 파악하는 일과 이를 바탕으로 한반도가 시나리오 플래닝 매트릭스의 몇 사분면에 위치하는지에 대한 일종의 공식 (formula)을 만들어내는 일이다. 실은 이 과정이 가장 중요하고 핵심적인 과정이다. 정량적 평가와 함께 전문성을 갖춘 집단 지성의 통찰력도 반드시 필요할 것이다. 이 공식을 만드는 것은 앞으로 이 책을 읽고 미래 예측 시스템의 필요를 공감하는 모든 분들과 함께해나가야 할 과정이다.

© 서울대 평화통일연구서 발표 자료.

핵심 동인	2018년 하반기	2019년 상반기	2019년 하반기	2020년 상반기	2020년 하반기	2021년 상반기	향후 주기적으로 반복
한반도 미래 예측 시스템 모니터링 예시							
사회통합	비정상 범위						
경제 통합 및 성장	비정상 범위						
환경 및 자원 관리	비정상 범위						
기술 활용	정상 범위						
통합 좌표	2사분면						

이처럼 주기적으로 분석한 한반도 시나리오가 하나씩 쌓여가면 우리에게 굉장히 의미 있는 사실을 밝혀줄 것이다. 한반도가 1사분면 즉 우리가 가장 원하는 밝은 미래로 가고 있는지, 아니면 정반대로 3사분면으로 추락하고 있는지에 대한 시차적 방향성(intertemporal direction)을 발견할 수 있다. 또한 1사분면으로 향하고 있더라도 핵심 동인 중 어떤 분야에 앞으로 더 많은 노력이 필요한지 알 수 있다. 마찬가지로 퇴행하고 있는 한반도의 방향성을 뒤집기 위해서 어떤 분야들에 관심과 노력을 집중해야 하는지 분명한 메시지를 던져준다. 아래는 한반도 미래 예측 시스템

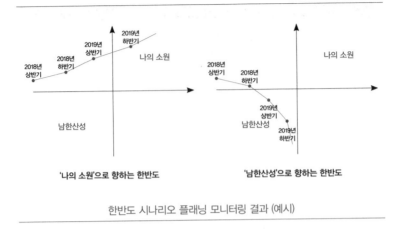

한반도 시나리오 플래닝 모니터링 결과 (예시)

의 핵심 동인별로 어떻게 지표·지수화 시켰는지에 대한 간략한
설명이다.

사회통합지수

우리는 남북통합의 정도를 파악하기 위해 서울대학교
통일평화연구원에서 개발한 '남북통합지수'를 활용했다. 시나리
오 플래닝 이후 지속적인 모니터링을 위해서는 계량 가능한 기
준이 필요하다고 판단했지만, 측량 방법을 직접 개발해 측정하
기엔 현재의 우리가 감당하기 어려운 시간과 노력이 필요하다
는 결론에 이르렀다. 아쉽지만 효율성을 높이는 차원에서는 이
미 개발된 기준이나 지수를 사용하는 것이 더 바람직한 선택이

었다.

남북통합지수를 간단히 소개하자면 경제, 정치, 사회 문화의 분야에서 법·제도적 차원, 관계적 차원, 의식적 차원의 통합을 단계별로 측정해 현재 남북의 통합 수준을 나타낸다. 교류조차 없는 0단계부터 실질적 통합·통일을 완성시키는 10단계까지 총 11개의 단계적 과정이 있으며, 이는 교류 및 통합 정도에 따라 접촉교류기 (0~2단계), 협력도약기(3~5단계), 남북연합기(6~8단계), 통일완성기(9~10단계)로 분류한다. 각 단계별 특징은 단순 교류(접촉교류기), 매개적 제도(intermediating institutions)를 통한 유의미한 정책 협의(협력도약기), 위임적 제도(delegated institutions)를 통한 공동의 제도 운영(남북연합기)으로 나타난다.[○]

남북통합지수가 이번 프로젝트의 통합 시나리오에 사용되었을 때 한계점 역시 존재한다. 남북통합지수는 완전한 정치, 경제, 사회 문화적 통합을 최댓값으로 설정해놓았다. 그러

통합의 관점에서 국가의 내부적 사회통합 정도나 원만한 경제적 활동을 목표로 지역적 통합을 표기하는 지수, 혹은 남북 관계의 관점에서 안정성이나 친밀도, 통일 예측을 위한 지수는 여러 가지가 있다. 하지만 우리의 시도에 완전히 적합한 지수는 없었다. 예를 들어 한양대에서 주관하는 한반도 '평화지수', 혹은 삼성경제연구소에서 주관하는 '한반도 안보지수'와 같이 한반도 정세 전반에 대한 지수는 '통합'과의 직접적인 연관성을 찾아 적용하기 어려웠다. 아시아개발은행의 아시아-태평양 지역통합지수나 유럽연합의 EU-Integration-Index(15개 국가를 대상으로 하는 EU-15 Index 혹은 25개국이 포함된 EU-25 Index)와 같이 지역 기반의 통합지수들은 정치적 통합의 필요성이 없기 때문에 경제적 통합 요소 위주로 구성되어 있었다. 독일의 통일 이후 동서독 통합과 관련된 내용을 다루는 자료로 〈다텐레포르트(Datenreport)〉와 〈조치알레포르트(Sozialreport)〉가 있다. 베를린-브란덴부르크 사회과학연구소에서 조사하는 〈조치알레포르트〉는 국내에서 '사회조사 보고서' 혹은 '사회 보고'로 알려져 있으며, 동서독의 통합 분석에 많이 활용되었다. 다만 〈다텐레포르트〉와 〈조치알레포르트〉 모두 독일 통일 이후의 사회적 통합 및 가치 수렴에 대한 내용이기 때문에 현재 한반도의 남북 관계에 적용할 수 있는 부분은 아니었다.

나 지난 70년 동안 교류조차 뜸할 정도로 진전이 없었던 남북 관계를 비추어볼 때 상위 단계로 넘어가는 것은 쉽지 않다. 실제로 1989년부터 2016년 사이에 기록된 가장 높은 단계는 3단계에 불과하며, 경제, 정치, 사회 문화 분야에서 모두 3단계까지 올랐던 것은 2007년이 유일하다. 〈2017 남북통합지수〉에 따르면 2016년에는

◎ 남북통합지수에 대한 더 자세한 내용은 〈남북통합지수 개발을 위한 기초연구〉, 〈2017 남북통합지수〉 등을 참고.

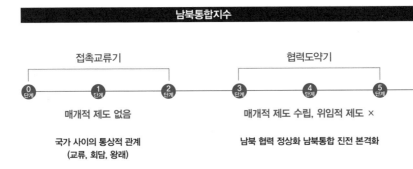

남북통합지수

접촉교류기   협력도약기

0단계   1단계   2단계   3단계   4단계   5단계

매개적 제도 없음   매개적 제도 수립, 위임적 제도 ×

국가 사이의 통상적 관계
(교류, 회담, 왕래)   남북 협력 정상화 남북통합 진전 본격화

통합의 영역과 내용

	경제	정치	사회문화
법·제도적 통합	시장경제화 정도 공동의 위임적 제도(경제 영역)	민주화 정도 공동의 위임적 제도(정치 영역)	자유화 정도 공동의 위임적 제도(사회 문화 영역)
관계적 통합	경제적 관계의 밀접함	정치적 관계의 밀접함	사회 문화 관계의 밀접함
의식적 통합	경제 의식의 통합	정치 의식의 통합	사회 문화 의식의 통합

* 〈남북통합지수 개발을 위한 기초연구〉 내용 재구성/정리

정치 영역 0단계, 경제 영역 1단계, 사회 문화 영역 2단계로, 매우 낮은 통합 수준을 유지했다는 것을 알 수 있다. 통합 시나리오에 남북통합지수를 바로 적용하자, 3사분면과 4사분면에서 벗어나 1사분면과 2사분면에 도달하기 위해 엄청난 진전이 필요함을 볼 수 있었다. 물론 최근 남북 관계가 급진전되며 2007년 이후 11년 만에 남북 정상회담이 개최되었지만, 교류 확대를 위한 정책 협의를 넘어서 본격적인 공동 기구의 출현이 필요하다는 점에

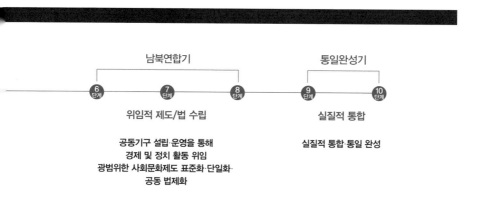

남북연합기   통일완성기

6단계   7단계   8단계   9단계   10단계

위임적 제도/법 수립   실질적 통합

공동기구 설립·운영을 통해
경제 및 정치 활동 위임
광범위한 사회문화제도 표준화·단일화·
공동 법제화

실질적 통합·통일 완성

• 매개적 제도 −권한의 양도 ×, 교류 확대, 정책 협의
• 위임적 제도 −공동 기구에 권리를 일정 부분 양도해 결정을 따르는 것을 전제로 설립

서 분기점인 5단계를 넘는 것을 마냥 쉽게 생각하긴 힘들다. 또한 정치 영역에서 단계가 상승했다고 해도, 경제 영역이 부진해 전체 합이 비슷한 상태라면 우리의 통합 시나리오의 축에서 이동의 변화가 없으므로 남북통합지수의 세밀한 분석 내용을 알 수 없다는 문제점이 있었다.

이와 같은 분석을 바탕으로 향후 미래 예측 시스템 버전을 업그레이드하는 과정에서 접촉교류기와 협력도약기 등 각 시기별로 단계를 나누어 남북통합지수를 만드는 방법을 제안한다. Y축의 최댓값이 2단계인 '제1단계 남북통합지수' 그리고 3단계 이후에는 Y축의 최댓값이 5단계인 '제2단계 남북통합지수' 등 제4단계까지 세분화한 통합지수가 나올 수 있다. 세분화된 통합지수는 부차적인 지수로 제시하고, 전체 통합지수를 기본으로 한다. 즉 제1단계, 제2단계는 3사분면과 4사분면으로, 제3단계, 제4단계는 1사분면과 2사분면에 해당한다. 향후 프로젝트가 지속되어 시나리오를 점검하고 사인 포스트를 모니터링하게 된다면 기타 다른 사회통합 지수들을 참고해 우리의 시나리오에 알맞은 지수를 만들어볼 수 있을 것이다.

환경관리지수

국제적으로 통용되는 환경 지표는 각 국가의 지속 가능

한 환경 관리를 위한 지표로 인식할 수 있다. 환경 지표는 국토의 존속과 국민들의 삶의 질을 확인할 수 있는 차원에서 중요하게 평가된다. 국제적으로 언급되는 환경 지표에는 세계은행 환경 지표, 경제협력개발기구 환경 지표, 국제연합 지속 가능발전위원회(UNCSD) 환경 지표, 환경성과지수(EPI) 외에 영국, 독일, 미국, 한국, 중국 등 각 국가별로 개발한 환경 지표 등이 있다.◎

자료가 오래되었다는 한계점이 있지만 〈2010년 EPI Report〉를 살펴보자. EPI 2010 기준 남한은 57.0점으로 전체 163개국 중에서 94위(아시아권에서는 16위), 북한은 41.8점으로 147위(아시아권에서는 26위)로 평가되었다. 참고로 아이슬란드와 스위스가 93.5점, 89.1점으로 각각 1, 2위를 기록했다. 단지 〈2010년 EPI Report〉만을 본다면 남한과 북한의 환경 지표상 차이는 크지 않은데 이는 EPI 특성상 개선 과정에 큰 점수를 부여하는 것이 반영되었다는 사실을 고려해야 한다. 즉 전년도에 비해 수치가 나아졌다면 가산점을 받는 형식이 반영될 수 있다는 점이다. 그리고 EPI는 국가 간 비교를 위한 일관된 자료 확보가 어렵다는 근

◎ 환경성과지수(EPI: Environmental Performance Index)는 미국 예일대 환경법·정책센터와 컬럼비아대 국제지구과학정보센터가 공동으로 각 나라의 환경, 기후 변화, 위생 및 생물 다양성 등의 환경 보건과 생태계 지속성 관련 분야 등 20여 개의 평가 지표를 활용해 실태와 개선 노력을 다양하게 모아서 평가하는 지표다. 2년마다 세계경제포럼(WEF, 다보스포럼) 개막에 맞춰 발표되는데, 북한이 EPI에 평가된 것은 2010년이 유일하다. 북한이 한 차례밖에 평가받지 못한 것은, EPI의 기본 원칙 중 하나가 불완전하거나 누락된 데이터가 많으면 평가 및 순위에서 제외시키는 것인데, 북한은 이에 해당되기 때문이다.

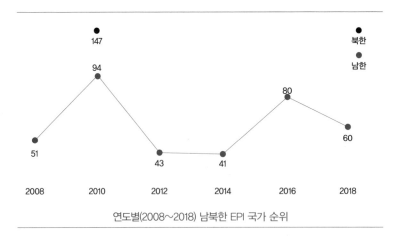

연도별(2008~2018) 남북한 EPI 국가 순위

본적인 한계와 전문가의 의견을 기반으로 산정된다는 문제점들이 지적되기도 한다. 실례로 같은 해 평가에 있어서 아시아 국가 중 부탄이나 스리랑카 등이 남한에 비해 높은 점수를 받았다.

이러한 문제점들과 한계에도 불구하고 북한이 국제 환경 지표에서 유일하게 언급되었던 환경성과지수를 남북한의 환경 지표로 활용할 수밖에 없는 상황이다. 환경성과지수는 목표근접도방법론을 이용해 해당 국가가 가장 낮은 성과를 기록한 국가(0점)와 목표점수 값(100점) 사이에 어느 위치에 있는가를 바탕으로 값을 부여하고 있기에 남한과 북한이 이러한 방법론으로 어느 위치에 있는지 파악하고 이를 바탕으로 남북한의 환경 통합 지표를 가늠해보기로 한다.

앞의 표는 최근 10년간 남북한의 EPI 국가 순위를 나타낸 것이다. 연도별로 총 대상 국가수는 다른데 남북한이 모두 표기가 되었던 2010년은 총 대상 국가 수가 163개국이며 최근 평가된 2018년은 180개국이다. 상기 언급된 바와 같이 북한의 순위는 2010년 147위였던 것을 제외하면 확인할 수 없는 상황이다. 결국 추론에 의해 북한의 순위를 가늠해야 하는데, 일각에서 자주 쓰이는 GDP 대비로 순위를 산출하는 방법을 쓸 수도 없는 노릇이다.

결국 북한에 적용할 수 있는 국제 환경 지표는 앞으로의 큰 숙제가 될 수밖에 없다. 북한이 개방되어 신뢰할 만한 전문가에 의한 객관적인 데이터가 확보될 때 남북한의 환경 지표 비교가 가능한 것이다.◎ 그 이후에는 남한과 북한이 한반도 환경 협력 프로토콜을 구축함으로써 공동의 발전을 도모할 수 있을 것이며 이를 바탕으로 한반도의 환경 위험에 관한 통합적인 지표 혹은 사인 포스트들을 발굴해나갈 수 있다.

◎ 지속 가능한 개발 솔루션 네트워크(SDSN)에서 매년 발간하는 〈SDG Index and Dashboard Report 2018〉에 처음으로 북한의 지속 가능 개발, 특히 환경에 관한 평가가 이루어졌다(http://www.sdgindex.org/).

기술 적응 지수

현재 국제사회에는 국가의 기술력을 평가하는 지표와 지수들이 다양하게 존재한다.◎ 그중 가장 공신력이 있고 많이 인용되는 표는 국제전기통신연합(ITU)에서 발표하는 정보통신기술(ICT) 발전지수다. 한국은 2017년 회원국 176개국 가운데 2위를 차지했다. 2014년 이후 3년 만에 1위 자리를 내주었지만 세계 최고 수준의 정보통신기술 발전을 이루었음을 국제사회가 인정했다고 해석하기에 별 무리가 없어 보인다.

하지만 북한이 과학 기술 분야에서 어느 정도 실력과 수준을 갖추고 있는지 알기는 쉽지 않다. 외부로 알려진 정보가 매우 부족하기 때문이다. 다만 위에서 언급한 ITU의 정보통신기술지수도 북한이 회원국임에도 순위 및 자료를 제공하고 있지 않다. 다만 ITU에서 2014년부터 발표하는 '국제사이버보안지수(GCI)'에서 중위권인 52등을 차지한 것이 아마 유일한 국제지수가 아닐

◎ 그 예로 과학기술학술논문지수인 스코퍼스(SCOPUS)가 있다. 스코퍼스는 네덜란드 엘스비어 출판사가 만든 지수로, 논문 발표 건수와 인용 건수 같은 분야의 순위들이 들어간다. 이 순위는 과학, 기술, 의학, 사회과학 분야에서 한 나라나 연구기관의 수준을 측정하는 중요한 지표로 사용되고 있다. 스코퍼스에 의하면 북한은 논문 건수에서 239개 나라 가운데 126위, 인용 건수로는 113위를 기록해 모두 중위권 수준이었다. 반면, 한국은 전체 논문 건수에서 세계 12위, 인용 건수에서 14위였다. 스코퍼스 지수에서 북한이 상대적으로 강점을 드러낸 분야는 컴퓨터와 공학, 소재 과학 분야였다. 북한은 논문 발표 건수에서 공학 85위, 컴퓨터 86위 그리고 소재 과학에서 88위를 차지했다. 세부 분류에서는 북한의 우주공학이 두드러졌다. 북한은 우주공학 관련 논문 건수 순위에서 239개 나라 가운데 63위, 인용 건수에서는 174개국 중 50위를 차지했다. 반면 한국은 논문 발표 건수에서 세계 12위, 인용 건수에서는 9위를 차지했다.

까 싶다.

하지만 그동안 북한 과학을 꾸준히 연구 분석한 전문가들의 조언을 들어보면 북한이 몇몇 분야에서는 상당한 수준까지 와 있는 것을 확인할 수 있다. 이는 과학 기술을 어떤 학문보다 강조하는 사회주의 체제의 특성과 맞닿아 있다. 또한 북한 지도부의 과학 기술에 대한 관심과 강조도 널리 알려져 있다. 이를 반영하듯이 평양은 과학 도시의 면모를 부쩍 과시하고 있는 중이다. 대동강변에 원자 모형을 본떠 지은 '과학기술전당'이나, 시내에 고층 건물로 이어진 '미래과학자거리' 그리고 '위성과학자주택지구' 등은 이제 외국 언론도 화제로 삼는 평양의 랜드마크 구실을 한다. 특히 ICT 분야에 강세를 보이고 있다. 예를 들어 국제 인터넷 프로그래밍 대회인 2017년 코드쉐프에서 북한 김일성종합대학과 김책공업종합대학 학생이 우승을 한 것으로 확인됐다. 또한 북한의 바둑 프로그램 '은별'에 인공지능이 적용되고 음성과 문자 인식, 다국어 번역 등에 인공 신경망 기술이 적용된다는 소식도 있었으며 김책공대에서 개발된 다국어인식 프로그램 '신동'은 문자 인식률이 99.7%나 된다는 보도도 있었다. 북한은 2014년 북한 국가과학원 주도로 IT 첨단 기술 산업단지 '은정첨단기술개발구'를 만들었으며 2017년 2월 평양시 강남군 고읍리 일대를 '강남경제개발지구'로 지정했다. 북한대학원대학교 양문수 교수는 소위

'혁명의 심장부'라고 불리는 평양 지역을 개방하겠다는 점이 주목된다고 평가했다. 보통 사회주의 국가들은 중심 도시와는 멀리 떨어진 곳을 선정해 개혁 개방 특구로 지정하는 게 보통이다. 중국 개혁 개방의 상징인 선전(深圳)이 대표적이다. 1980년 중국 최초의 경제 특구로 지정된 선전은 홍콩을 마주 본 작은 어촌에 불과했다. 그러나 오늘날 선전은 중국 도시 중 GDP 1위를 달리며 중국판 실리콘밸리라고 불린다.

결론적으로 과학 기술이 앞으로 다가올 경제 사회 환경에 미칠 막대한 영향을 고려하면, 특히 북한과 남한 모두 과학 기술에 관심과 노력을 기울인다는 점과 양측 모두 특정 분야에 세계적 수준의 능력을 보유한 점을 생각할 때 과학 기술이 한반도의 평화와 번영에 큰 기여를 할 수 있음을 알 수 있다. 다만 이를 실현해나가는 정도를 미래 예측 시스템 내에 포함시키기 위해서는 북한의 과학 기술에 대한 보다 객관적이고 포괄적인 정보가 필요하다. 앞으로 남북 교류가 재개되면서 북한의 과학 기술에 대한 파악을 통해 양측의 과학 기술 정도 또한 이 둘을 융합해 활용하는 노력을 객관적으로 평가하는 지표 및 지수를 개발하는 일이 반드시 필요할 것이다.

북한 핵미사일 위협에 관하여

각 핵심 요인별 지수화 과정을 분석한 후 한 가지 당연한 질문이 떠올랐다. 한반도 시나리오 플래닝의 핵심 동인에서 어떻게 북한의 핵무기와 미사일 문제가 빠질 수 있는가에 대한 질문이다. 한반도 전체의 입장에서 가장 중요한 문제이기 때문이다.

하지만 이 책은 이미 북한의 시나리오에서 설명했듯이 북한 핵 문제를 하나의 동인 수준이 아니라 한반도 시나리오의 4가지를 정의하는 기본 가정으로 설정했다. 다시 말해 1사분면에서는 북한의 핵 문제가 완전히 타결된 상태, 즉 남과 북 그리고 미국을 포함한 국제사회가 북한의 핵 위협을 더 이상 문제 삼지 않을 정도로 해결된 상태다. 소위 CVID가 완전히 실현된 상태를 의미한다. 반면에 3사분면에서는 현재 진행되는 북한의 비핵화 협상이 결과적으로 결렬되어 북한에 대한 제재와 압박이 강화되고 다시 전쟁의 암운이 한반도를 감싸는 상황이다. 그리고 2사분면과 4사분면의 시나리오는 10년 뒤에도 북한의 비핵화 협상이 계속 진행되고 있는 상황이다. 즉 협상 과정 자체는 살아 있지만 많은 우여곡절이 존재하고 위기감과 기대감이 교차하면서 10년이라는 시간이 흘러가는 상황을 상정한다.

물론, 앞으로 과제는 이러한 비핵화 협상과 실천 과정을 지수와 지표로 개발하여 우리의 상황을 점검하는 것이다. 특히

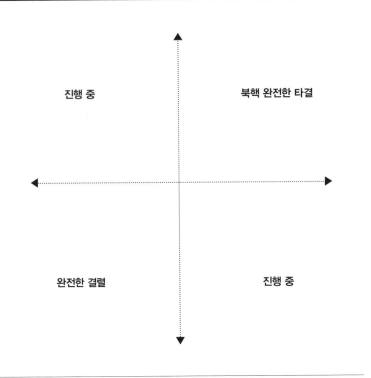

NTI(Nuclear Threat Initiative)에서 발표하는 핵안보지수(nuclear security index)와 같은 기존 지수들을 분석해서 한반도 환경에 적합한 지수들을 개발하는 과정은 매우 흥미롭고 유익한 과정일 것이다. CVID와 같은 개념적 목표가 어떻게 그리고 얼마나 현실화되어가는가에 대한 객관적인 분석과 이를 공개적으로 공유함으로써 한반도 핵 위험 정도에 대한 인식의 차이에서 오는 갈등 가

능성을 사전에 방지할 수도 있을 것이다.

버전 1.0 업그레이드를 위한 숙제들

지금까지 우리는 한반도가 나아가는 방향을 체계적으로 모니터링할 수 있는 미래 예측 시스템을 개발하려는 노력을 소개했다. 무엇보다 하루하루 정신없이 변하는 한반도의 현실을 긴 호흡으로 그리고 체계적으로 분석할 수 있는 시스템이 아직 존재하지 않는다는 현실이 가장 안타까웠고, 결코 완전할 수는 없지만 누군가는 이를 위해 첫걸음을 디뎌야 한다는 믿음으로 도전한 일이었다. 결코 완전하기 않은, 어찌 보면 개념도에 불과한 결과만 가져온 도전이었지만 이를 통해 적지 않은 메시지를 찾을 수 있었다. 특히 우리가 북한에 대해 얼마나 모르고 있는지 그리고 그렇게 모르고 있는 현실이 얼마나 큰 위험 요소이고 또 많은 기회를 잃어버리게 하는지에 대한 깨달음이 컸다. 이제 이 도전은 일단 마무리하면서 앞으로 남겨진 숙제들에 대해 간단히 언급하고자 한다.

우선, 북한에 대한 정확한 실태를 파악하는 것이다. 우리는 인용 가능한 통계들, 특히 각종 국제기구들에서 발표하는 통계들만을 사용하였다. 하지만 미래 예측 시스템의 정확성과 예측성을 높이기 위해서는 이보다 훨씬 구체적이고 현실을 제대로 담아내는 통계들이 필요하다. 보다 정확한 수치를 위해 북한 내에서 투명하게 통계 조사가 이루어져서 이러한 정보를 공유받는 과정도 필요하다. 북한에서 수집된 정보가 미래 예측 시스템에 적용된다면 좀 더 정확한 모니터링이 가능할 것이다. 또한 이와 같은 미래 예측 시스템의 존재와 활용 가치에 대해 북한 당국과 소통하고 모니터링 결과에 대해 원활하게 정보를 공유하는 것이 필요할 것으로 보인다. 앞으로 전개되는 남북 교류에 있어서 북한 당국의 통계 관리 역량 강화를 위한 지원과 이를 바탕으로 남북이 각자의 통계 자료들을 공개하는 것이 매우 중요함을 알 수 있었다.

다음으로는 앞에서도 언급했듯 각 핵심 요인들의 지표들을 바탕으로 특정 시점에서 한반도가 시나리오 플래닝 매트릭스의 몇 사분면에 위치하는지를 평가하는 일종의 공식을 만들어내는 일이다. 실은 이 과정이 가장 중요하고 핵심적인 과정이다. 정량적 평가와 함께 전문성을 갖춘 집단 지성의 통찰력도 반드시 필요하다. 이 책을 읽고 미래 예측 시스템의 필요를 공감하는 모든 분들과 함께해나가야 할 과정이라고 생각된다.

마지막으로, 이처럼 미래 예측 시스템이 틀을 갖추고 고도화된 이후에는 이 시스템에서 예측 가능한 모든 경우의 수를 따져서 다양한 시나리오를 수집한 후, 시나리오마다 우리는 어떠한 행동을 취해야 할지 대응책과 해결책을 수립해야 한다. 유비무환이라는 고사성어처럼 준비된 한반도라면 앞으로 발생할 위기 상황을 보다 안정적으로 관리하면서 막연한 걱정을 덜 수 있다. 한반도의 미래를 위해 함께 준비해가는 과정에서 미래 예측 시스템이 중요한 역할을 할 것이라는 사실을 믿어 의심치 않는다.

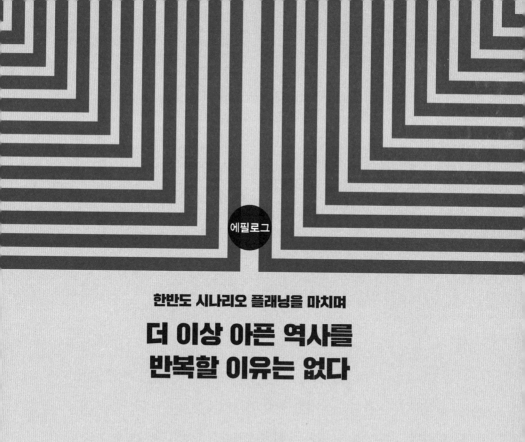

에필로그

한반도 시나리오 플래닝을 마치며

더 이상 아픈 역사를
반복할 이유는 없다

10년 후 한반도에 어떤 시나리오들이 펼쳐질 수 있는가를 살펴보는 과업은 솔직히 우리 23명이 감당할 수 있는 것은 아니었다. 그럼에도 우리는 도전했다. 아니 무모한 질문임을 알면서도 그 질문 앞에서 떠나지 못했다. 왜 그랬을까? 우리는 왜 이토록 거대하고 무모한 질문 앞에서 2년여 동안 떠나지 못하고 있었을까? 그리고 부족한 결과물임을 알고 있음에도 부끄러움을 무릅쓰고 동시대의 이웃들과 나누려 하는가?

그 질문에 대한 답을 찾기 위해 우리는 타임머신을 타고 100년 전 한반도로 돌아가 1919년 일본 제국주의 식민지 백성으로 살아야 했던 민초들과 가상의 대화를 해보았다. 한 편의 짧은 영화 시나리오가 만들어졌다. 과거와의 대화는 미래의 문을 여는 열쇠를 선물

해주었다. 독자들도 우리와 함께 100년 전으로 잠시 떠나보자.

fade in

타임머신은 우리를 1919년 1월 1일, 더 이상 한양이 아닌 경성 그 한복판으로 안내한다. 지금의 명동과 충무로에 해당하는 지역인 남촌에 도착한 우리는 일본인이 경영하는 다방으로 들어간다. 햇빛이 기분 좋게 들어오는 창가 자리에 앉아 커피를 마시는 젊은 사람들이 보인다.

"역시 이 집 커피가 최고야. 야, 우리 조선은 언제 이런 커피를 만들 수 있으려나?"

"야, 야, 조선이 망한 지 언젠데 언제 적 조선 타령이냐?"

우리는 그들 옆자리에 앉는다. 그들이 우리를 돌아보자 그들에게 시간향수(맡으면 타임머신을 타고온 것을 믿게 되는 향수)를 뿌렸다. 우리는 밝게 웃으며 그들과 합석을 제안한다. 그들에게 100년 후, 그러니까 정확히 2019년 한반도 남쪽에서 왔다는 사실을 전한다. 미친 사람이라도 마주친 듯 웃던 그들은 시간향수를 맡자 표정을 바꾸고 금세 진지하게 묻기 시작한다.

"아니, 당신들이 사는 조선은 일본 놈들이 물러간 땅이라고요? 진짜 이 땅을 일본이 지배하는 게 아니란 말인가요?"

그들은 흥분을 감추지 못하고 우리의 이야기에 빠져든다. 우리는 시간이 충분하지 않은 관계로 타임머신이 제공한 역사 캡슐(먹으면 훗날 100년 역사를 이해하게 하는 약)을 그들에게 제공했다. 역사 캡슐을 먹은 그들은 놀라며 묻는다. 아니 남한이 그렇게 엄청나게 발전했다는 게 사실이냐고. 그들 중 가장 나이 어린 청년의 얼굴이 어두워진다. 그가 조심스럽게 묻는다.

"해방되었지만 분단되었단 말인가요? 당신들은 개성도, 평양도 갈 수 없단 말이죠?"

그리고 떨리는 소리로 다시 묻는다.

"300만 명이 죽었다는 1950년 한국전쟁은 정말 우리에게 일어난 일이랍니까?"

역사 캡슐은 질문한 내용에 관한 영상을 보여주는 약효가 있기에 그들은 1945년 해방 직후부터 시작된 극심한 좌우 폭력 사태들과 1950년 전쟁 과정 영상들을 생생하게 볼 수 있다. 그들의 눈빛은 심하게 흔들린다. 그들 중 제일 나이 많은 이가 말한다.

"당신들, 여기에 있지 말고 어서 1945년으로 가시오. 해방되었다고 흥분하는 이들에게 전하란 말이오. 바로 분단되고 곧 전쟁 날 거라고. 제발 그렇게들 싸우지 말라고."

그이의 눈이 이글거린다. 우리는 그들에게 말한다.

"이미 1945년은 다녀왔습니다. 모든 노력을 다했지만 1950년 전쟁을 막을 수 없었습니다."

여기저기 탄식하는 소리들이 들린다. 그가 묻는다.

"아니, 전쟁이 날 거라고, 300만 동포가 죽는다고 이야기해도요? 그럼 우리와 우리 후손은 분단과 전쟁을 어차피 막을 수 없었던 거란 말인가요?"

"1945년엔 이미 늦었습니다. 하지만 오늘엔 희망이 있어 왔습니다. 바로 1919년 오늘 말입니다."

우리는 말한다. 2개월 후면 경성에서 그리고 전국 방방곡곡에서 당신들이 상상하지 못할 놀랄 일이 펼쳐질 것이라고. 3.1 운동 영상을 보며 그들은 놀란다. 3.1 운동에 희망이 있었다고 그들에게 전한다. 3.1 운동을 경험한 조선 백성 중 많은 이가 서로에게서 희망을 발견하고 조국 독립에 삶을 바치는 이들이 생겨난다고. 그들이 모여 상하이 임시정부를 세우고 이런 사진을 찍게 될 거라고. 하지만 그들과 한반도의 백성들은 그 사진을 찍고 난 이후 1945년까지 통합의 구심력을 만들지 못했고, 각자 친소, 친미, 친중, 친일 다양한 형태의 원심력에 이끌려갔다고.

"분단과 전쟁을 막을 수 있느냐는 오늘 1919년을 사는 당신들
께 달렸습니다. 이제 떠날 시간입니다. 부디 분단과 전쟁을 막을
구심력을 만들어내시길 바랍니다."

그들 중 어떤 이는 한숨을 내쉬며, 내가 그런 일을 어떻게 할
까 하며 돌아선다. 어떤 이는 결연한 눈빛으로 힘차게 악수를 청
한다. 역사의 선배들을 뒤로하고, 우리는 타임머신을 타고 오늘
의 2019년으로 돌아온다.

fade out

1919년, 100년 전 청년들이 "10년 후, 1929년 한반도는 어떻
게 되어 있을까? 이에 어떻게 대처해야 할까?"라는 질문 앞에 서
서 시나리오 플래닝을 하고, 그 결과물을 동시대인들과 나눴다면
어땠을까? 그런 질문에 함께하는 이들이 많아져 1929년엔 "10년
후, 1939년 한반도는 어떻게 되어 있을까? 이에 어떻게 대처해
야 할까?"라는 질문 앞에 다시 서서 시나리오 플래닝을 하고, 그
결과물을 동시대 이웃들과 나누는 과정을 반복하며 국제질서의
흐름과 내부 변화의 본질을 간파하며 해방의 그날을 기다렸으면
어땠을까? 1945년엔 이미 늦었을지 모르지만, 1919년부터 그렇
게 준비했다면 혹시 분단과 전쟁을 막을 수 있는 역량이 생기지

않았을까? 1919년 3월 1일 이전의 조선 백성들은 스스로의 독립 역량에 대한 확신이 부족했으리라. 3.1 운동을 경험하며 동포들의 독립 역량을 확인했다고 하더라도, 그 이후 1929년까지의 일들은 1919년의 시나리오 플래닝에서 미처 상상할 수 없었던 것들이 대부분이었을지 모른다. 하지만 1929년에 만든 시나리오 플래닝은 경험을 통해 1919년의 그것보다는 발전되었을 것이다. 한반도 백성들의 역량 변화를 살피고, 국제 정세의 변화를 읽으며 보다 수준 높은 시나리오 플래닝을 만들어낼 수 있었을 것이다.

그런 과정을 거치면서 계속 한반도 시나리오 플래닝을 시도했다면, 여전히 백성들의 힘은 부족했겠으나 언젠가 독립을 쟁취할 날이 올 것이었다. 그리고 한반도를 둘러싼 원심력이 한반도를 갈라놓을 수 있다는 위기 요소를 서로 인식하고, 그 위기를 이겨낼 구심력을 만들어내자고 서로 격려하며 능동적인 미래를 준비할 수 있지 않았을까? 만약 그럴 수만 있었다면 1945년의 분단을 막고 1950년의 전쟁을 막을 역량이 좀 더 생기지 않았을까 하는 상상을 해본다.

역사에 만약이란 말은 없다. 따라서 가정도 없다. 그러나 아픈 역사를 반복하지 않기 위해 역사의 다른 가능성을 재구성하는 것은 얼마든지 가능하고 필요하다. 더구나 우리와 비슷한 입장에 처했지만 우리와 다르게 통합 능력으로 분단 위기를 극복한 오스트리아의 사례도 있다. 2차 세계대전 이후 전승국들에 의해 분할 점령되어 10년간 신탁통치(1945~1955)를 받았던 오스트리아는 통합의 구심력을 잃지 않았고, 결국 1955년 독립을 쟁취했다. 1945년의 오스트리아와 한반도는 의회제도에 대한 경험, 외교적 조건 등 여러 방면에서 차이가 있어 단순 비교를 할 수 없지만 오스트리아도 통합의 구심력이 준비되지 않았다면 그러한 역사적 성취를 얻을 수 없었을 것이다.

"10년 후의 한반도는 어떤 모습일까?"

우리는 왜, 이토록 거대하고 무모한 질문 앞에서 2년여 동안 떠나지 않고 있었을까?

참으로 슬펐던 한반도의 역사가 반복되지 않기를 바라는 마음이, 그리고 우리와 우리 아이들의 나라가 지금보다 좀 더 나아지기를 바라는 마음이 우리를 그 질문 앞에서 떠나지 못하게 한 것 같다. 또 그런 질문에 답을 하다 보면 앞으로 한반도에서 벌어질 수 있는 여러 위기들을 극복할 가능성도 높아질 것이라는 소망이 우리를 그 질문 앞에 서성이게 했다. 그러한 소박한 마음들이 모여 한반도 시나리오 미래 예측 시스템을 그려낸 것이 아닌가 생각해본다.

이미 정말 많은 이들이 각자의 영역에서 우리와 우리 아이들의 나라가 더 나은 나라가 되도록 헌신하고 있는 것을 본다. 그 많은 이들의 노력이 우리 대한민국을 '명량'에서 꿈꿨던 나라로 이끌 것이고 또 그 많은 이들의 노력은 북한이 '세상에 부럼 없어라'에서 꿈꿨던 사회가 되도록 도울 것이다. 하지만 거센 도전들도 있을 것이다. 300만 명이 죽은 참혹한 전쟁을 치렀던 남북이고, 그동안 너무나 다른 사회로 변화했던 남북인 터, 남북 관계에서 드러난 갈등 외에도 잠재된 갈등의 골 역시 깊고 크다. 또한 미중 패권 경쟁이 펼쳐지고 4차 산업혁명의 소용돌이로 인해 한반도는 다각도의 도전에 직면하게 될 것이다. 이러한 도전들은 너무도 거세고 광범위하며 예측 불가한 측면이 크다. 그렇기에 우리가 시도한 시나리오 플래닝이 축적되고 미래 예측 시스템이 잘 갖추어진다 하더라도 이를 통해 그러한 도전을 대처할 수 있다고 자신할 수는 없는 노릇이다.

그러나 그 도전이 힘들다고 주저앉아 있을 수는 없다. 다음 세대를 위해 무언가라도 작은 움직임이 필요하다. 조금은 무모한 이 도전들을 극복하는 것은 한반도에서 숨 쉬며 살아가는 우리 모두의 시대적 소명이다. 일제 강점기를 지나 분단과 전쟁의 참화 속에서도, 우리 선조들과 조부모 세대, 부모 세대, 삼촌과 형 누나 세대들은 각 세대의 시대적 소명을 다했다. 1919년 4월 11일 상하이 임시정부가 '민주 공화국'을 임시헌장 제1조로 선포한 이래, '민주 공화국'은 1960년 4월 광장에서, 1980년 5월 광장에서 그리고 1987년 6월 광장에서 후손들에 의해 목 놓아 외쳐진 이상이자 목표였다. 1919년의 정신은 100년 동안 한반도에서 흘려진 산업화와 민주화를 위한 숱한 피, 땀, 눈물로, 나와 내 아이들의 나라를 위한 눈물겨운 몸부림으로 이어졌다. 우리는 지금 그분들이 피, 땀, 눈물로 빚어낸 나라에서 빚진 마음으로 살고 있다. 그 빚을 갚기 위해 우리 세대가 해야 할 소명은 무엇인가?

한반도에 평화를 정착하는 것 그리고 지난 100년간 성취한 인류의 보편적 가치 — '인간 존엄', '상대의 기본권을 침해하지 않은 범위 내에서 각인의 자유 존중', '상생과 공영' 등 — 를 지키고 전파하며 그러한 가치로 사회통합을 일구어내는 것, 아울러 개개인과 기업의 창의를 독려해 경제 발전을 도모하면서도 사회 경제적 약자에 대한 배려가 탄탄한 사회 경제 시스템을 확립하는 것, 그리하여 남한이 북한뿐만 아니라 이웃 나라들에게도 평화 정착, 가치 통합, 경제 발전에서의 모범 국가가 되고, 필요하다면 우리의 경험들을 통해 도움이 필요한 국가들을 섬기는 사회로 발전하는 것이 아닐까?

물론 이러한 꿈은 지나치게 이상적일 수 있다. 하지만 아름다운 이상을 향해 끊임없이 도전하는 것은 우리가 결코 포기할 수 없는 특권이자 존재의 이유이다. 그렇기에 그 꿈을 포기할 수 없다. 만일 우리가 그러한 성취에 다가가게 된다면 우리의 선조와 선배 세대들은 자신들의 고통과 수고가 결코 헛되지 않았음을 기뻐할 것이다. 그리고 그 성취는 한반도의 통합을 가져오는 데 큰 힘을 발휘할 것이며, 남한 주민들과 북한 주민들이 자유로운 의사에 따라 서로 함께 살아갈 것을 결의하고 보다 평화롭고 자발적인 통일의 열매가 맺히는 데 결정적 동력이 될 것이다.

생각만 해도 좋고 아름다운 꿈이지 않은가. 그 꿈을 향해 도전하는, 한반도를 공유하는 남북한 모든 사람들의 열정은 커지고 그 숫자도 많아질 것이다. 그리고 그들이 각자의 영역에서 그려내는 멋진 희망의 색조들은 조각조각들로 모여들어 함께 꿈을 완성하는 모자이크가 될 것이다. 아름다운 가치로 통합되고 통일된 모자이크 코리아는 모자이크를 이루는 구성원 개개인이 존엄하고 자유로우며 각각의 창의가 최대한으로 발휘되는 것을 통해 자신과 이웃에 모두 유익이 되는 그러한 나라가 된다.

　역사적으로 우리와 유사한 시나리오 플래닝 작업이 있었다. 태평양 전쟁이 시작되기 전 1940년 10월, 일본 제국은 총리 직속의 연구기구인 '총력전 연구소(Tatal War Reserch Institute)'를 설치했다. 이 연구기구의 목표는 미국과의 전쟁 가능성을 염두에 두고, 각 시나리오별 대내외 전력과 군사 전략, 외교 전략을 연구하는 것이었다. 연구원은 젊은 엘리트 공무원 및 육해공군 초급 장교(총 30여 명, 평균 30세 초반)로 구성되었다. 이들은 강의, 세미나, 토론 등을 통해 미래 시나리오를 작성했고, 각자가 영국, 미국, 독일, 이탈리아, 중국, 만주 등을 대표하고 일본 측은 모의 내각을 만들어 대응법을 착안하기도 했다. 연구 결과 여러 시나리오를 그려보았고 전쟁이 불가피하다는 결론을 내렸다. 이때 장기전까지 고려해야 한다는 전망까지 나왔다. 또한 1941년 9월에서 1942년 12월까지 시뮬레이션을 작성한 결과 미국과의 전쟁에서 이길 수 없다는 결론을 내렸다. 정부 측 인사인 도조 히데키는 사실상 본인이 후원한 연구임에도 젊은 연구원들의 결론을 탁상공론으로 여기고 무시했다. 일본은 미국과 우호적이던 1920년에도 미국과의 전쟁 시나리오를 연구한 적이 있다. 우리의 연구가 그렇게 새로운 것은 아니라는 얘기다. 그러나 반드시 짚고 넘어가야 할 교훈이 있다. 그 당시 총력전 연구소의 젊은 석학들은 정치적인 고려와 신념 등을 무시하고 가장 객관적으로 시나리오를 정리하려고 했다. 그렇기에 가장 현실적인 결과가 도출되었다. 그러나 일본은 자신들에게 유리했던 시나리오 플래닝을 무시했다. 우리 '모자이크 코리아'가 시도하는 한반도 시나리오 플래닝도 단순히 탁상공론으로 그칠 것이 아니라 수용되고 실행되는 노력이 필요하다. 그 노력을 이 책을 읽는 독자 여러분도 같이 해주었으면 한다.

우리의 이번 시도는 이러한 '모자이크 코리아'의 꿈을 위한 마중물이 되기를 바란다. 우리의 결과물이 비록 턱없이 부족하지만 이러한 시도를 계기로 보다 많은 이들이 이 거대하고 무모해 보이는 질문 앞에 함께 선다면, 그 질문은 더 이상 거대하지도 않고 무모하지도 않은 질문이 될 것이다. 그리고 우리가 함께 그 꿈을 계속 소망해간다면 우리 세대가 아니면 우리 아이들의 세대에라도 반드시 그 꿈이 이루어질 것이다. 다시 한 번 기억하자. 1919년 4월 11일 상하이 임시정부가 '민주 공화국'을 임시헌장 제1조로 선포할 때, 동시대의 적잖은 사람들은 추상적이고 허황되며 황당한 꿈에서 깨라고 말했을지 모른다. 하지만 그로부터 정확히 100년 후 우리는 그분들의 그 꿈 덕분에 자유와 평화를 누리는 민주 공화국에서 오늘을 살아가고 있다.

2019년 오늘, 우리는 어떤 사람들로 살 것인가? 추상적이고 허황되며 황당한 꿈에서 깨라고 말하는 이가 될 것인가? 한반도 시나리오 플래닝을 넘어, 보다 많은 이들과 함께 모자이크 코리아를 꿈꿀 것인가? 우리는 독자 여러분들과 함께 그 꿈을 모자이크하고 싶다.

모자이크 코리아

저자 소개

모자이크 코리아

 남북한 출신의 전문가들이 함께 모여 한반도의 미래와 통일 한국을 준비하는 취지에서 시작된 프로젝트 팀이다. 학자, 법조인, 언론인, 기업인, 전문 연구원, 사회운동가, 탈북인, 작가, 공공기관인 등 23인의 각계각층 전문가들이 참여했다. 명망 있는 리더 한두 명이 이끄는 일방향성의 소통을 지양하고 각 분야 전문성을 바탕으로 한 합리적 '집단 지성'으로서 치열하게 한반도 문제를 토론하고 연구하는 등, 2017년 봄부터 2년여의 시간을 함께 보냈다. 이 책은 그 첫 번째 마중물로, 남한과 북한 그리고 한반도 전체가 맞닥뜨릴 수 있는 다양한 상황에 관한 시나리오 플래닝을 시도한 것이다.

(가나다 순 표기)

강혜연_ 재단법인 통일과나눔 국제사업 담당 매니저

연세대학교에서 국제협력을 전공하고 석사학위를 받고 졸업했다. 시대적 사명이라 여긴 통일을 어렴풋하게만 생각하던 중 탈북 학생을 위한 공부방을 운영했으며, 이후 통일과나눔에 입사하게 되면서 그 사명이 더욱 명확해질 수 있었다. 선배 같은 상사의 추천으로 '모자이크 코리아'에 참여하게 되었다. 다양한 분야에서 각양각색의 생각을 가지고 있음에도 통일을 향한 마음만큼은 하나인 모자이크 코리아의 구성원들을 만날 수 있는 기회를 축복이라고 생각하고 통일을 자유롭게 그려보고 또 고민하는 값진 시간을 가질 수 있어서 감사하게 생각한다.

구애림_ 아주대학교 아주통일연구소 연구원

토론 준비, 녹취, 자료 정리 등 '모자이크 코리아'의 궂은일을 맡아서 진행한 일꾼이다. 그저 관심 있는 것들을 좇았을 뿐인데 그 모든 것이 한반도의 통일로 꿰어졌고, 서서히 쌓아온 통일에 대한 관심이 축적되어 '모자이크 코리아'까지 닿은 것이라 생각한다. 이 책을 만들어내는 목적도 중요했지만, 그 과정이 참 소중

했다고 생각하는 사람 중의 하나이다. 멤버들의 다양성이 다름의 잣대가 아니라 이해와 존중의 통합적인 모습을 보여준 점이 의미 있었다고 말한다. 함께하는 시간을 통해 한반도의 통일에 대해 조금 더 고민하고 경험하는 좋은 시간이었다고 소감을 밝힌다.

구영우_ 해군 중령, 국방부 고등군사법원 고등군판사

과거 해군 청해부대 3진 충무공이순신함 법무참모로서 소말리아 대 해적 작전을 수행한 바 있다. 사법연수원 시절 '한반도 평화와 통일'이라는 원대한 꿈을 꾸는 법조인들로 구성된 '신우회' 선배들을 따라 비전 공동체를 만들어 평생 함께하기로 결심했고, '모자이크 코리아' 역시 같은 꿈을 가진 동역자들을 만나기 위해서 참여하게 되었다. 해군 장교로 임관한 이후 해마다 한반도 유사 상황을 대비한 전쟁 연습에 참여해왔는데 이번 책 작업의 참여를 통해 한 명의 군인으로서 평화 정착을 위한 시나리오를 만들어보고, 청년 때 품었던 통일의 꿈을 다시 꾸게 되었다.

구자욱_ 고려대 법학대학원

고려대학교에서 법학과 심리학을 전공하였고 동 대학원에서

'국제법상의 개인의 침략범죄'에 관한 논문으로 석사학위를 취득했다. 국제범죄를 공부하면서 개인의 인권에 대해 깊이 관심을 갖게 되었으며, 자연스레 북한의 사람들과 그들이 처한 상황에 연민이 생겼다. 대한민국이 처한 분단의 현실에 도움이 될 방법이 없을까 고민하던 찰나에 친구의 소개로 '모자이크 코리아'에 참여하게 되었고, 통일을 위해서는 '하나 됨'이 무엇보다 중요함을 알게 되었다. 집필 작업을 통해 좌와 우, 어른과 아이, 갑과 을, 남과 여에 대하여 치열히 고민했으며, 결론적으로 우리가 하나 될 때 남과 북의 하나 됨도 소망할 수 있음을 깨달았다. 이 책의 진정한 가치는 통일 전후의 상황을 정확히 예측하는 것보다는 내가 선택할 통일의 모습을 그려봄에 있다고 생각한다. 대한민국의 국민 한 명 한 명이 통일이라는 오래된 숙제를 잘 풀어냄으로써 안팎으로 하나 될 날을 그려본다.

김명성_ 조선일보 정치부 기자, 사단법인 샌드 사무국장

통일 문제를 연구하는 사단법인 샌드(SAND: South And North Development)의 사무국장을 맡고 있다. 북한에서 컴퓨터공학을 전공한 재원으로 한반도의 평화와 번영을 가져올 진정한 통일의 길을 모색하던 중 '모자이크 코리아'에 참가하게 되었다. 이 프로

젝트에 참여하면서 많은 사람들과 진지하고 풍성한 논의를 통해 통일 미래의 상상력을 그리며 집단 지성의 힘을 경험할 수 있었다. 사색과 열띤 토론을 거치면서 통일 모자이크의 윤곽이 드러나는 과정을 통해 남북한을 통합하는 상상이 현실로 다가선 것 같아 기뻤다.

김영하_ 포스코건설 인프라사업본부

현재 포스코건설에서 환경설계 업무를 담당하고 있다. 통일정책연구회 멤버로서 북한 지역의 환경 문제에 관심이 많으며 추후 남북한 공동연구 팀에 참여하여 북한 지역의 환경 시스템 구축에 기여하고 싶어 한다. 서울대 대학원에서 환경 정책을 배웠고 환경운동연합 인턴 활동 및 워터웍스라는 저개발국의 물 문제를 고민하는 모임을 만들어 아프리카 어린이들을 위한 동화책《소풍대장 코끼리 웜보》를 출간했다. 통일에 대한 관심은 새터민과의 교류를 통해 북한 환경 문제에 관심을 가진 것이 계기였고 본래의 전공을 살려 북한 환경 문제를 해결할 의지를 갖고 있다.

류현정_ IT조선 취재본부장

《구글 vs 네이버》,《위클리비즈 테크트렌드》 등을 썼고 《기계
와의 경쟁》을 번역했다. 논문으로는 〈북한 휴대전화의 이중 네트
워크〉가 있다. 북한의 '단번 도약' 전략에 관심이 많다. 이 책 작
업은 통일에 대한 기대와 집단 지성에 대한 믿음이 끌고 온 대장
정이었다. 통일 과정이 무엇인지, 또 어떠해야 하는지를 이 프로
젝트를 통해서 배웠다. 한 분 한 분 감사드린다.

박찬훈_ 법무법인 강호 대표 변호사 겸 변리사

지적재산 전문 로펌에서 일하고 있다. 한양대에서 전자통신공
학을 전공하고 변리사로 특허법인 리앤목과 삼성전자에서 근무
했다. 이후 사법시험을 거쳐 법무법인 율촌 지적재산팀에서 근무
하다가 지적재산권 전문 로펌을 설립했다. 대학 때 꿈이 영화감
독이었던 그는 책 마지막 부분에 수록된 단편 영화 같은 에필로
그를 맡았고, 브랜드 전문가로서 '모자이크 코리아' 네이밍을 제
안하기도 했다. 한반도 역사의 모자이크는 굽이굽이 한이 서린
조각들의 비통함으로 칠흑 같은 어둠이 드리워져 있지만, 동서양
최고 문명을 더욱 찬란하게 실현해낸 조각들의 광채가 그 어둠을
뚫고 있다고 믿는 그는 우리 세대가 이어 채울 화룡점정의 한 조

각을 함께 꿈꾸길 소망한다. 통일은 한순간 일필휘지로 완성되는 작품이 아니라 우리 모두가 일상에서 채색해가는 조각들의 모자이크로 완성된다고 여기며 작은 통일을 실천하며 살아가고 있다.

박충권 _ 현대제철 연구개발본부 연구원

북한에서 국방대학을 졸업하고 한국에서는 서울대학교에서 재료공학 박사학위를 받았다. 실향민과 더불어 분단의 상처를 온몸으로 겪으며 살아가는 사람들 중 하나인 그는 통일이 염원 그 자체다. 통일을 꿈꾸며 한국에 정착한 그는 '우리의 소원은 통일'이 한반도에 사는 모든 이의 이야기가 아니라는 현실과 마주하기도 했다. 공학을 전공했지만, 살아온 배경으로 인해 그의 마음속에는 항상 모든 이에게 이로운, 멋진 통일이 자리 잡고 있었기에 '모자이크 코리아'는 오아시스와도 같았다. 그에게 있어서 이번 작업은 조국을 사랑하고 한반도의 밝은 미래를 꿈꾸는 멋진 사람들과 함께 통일의 다양한 미래들을 상상하며 집단 지성의 열정을 나누고 합쳐가는 행복한 순간들이었다.

심태호 _ 이화여대 경영대학 겸임교수 | AT커니 코리아 전 대표

20여 년간 경영 컨설턴트로서 국내 유수 기업들과 북미, 아시아 등 글로벌 주요 기업들의 성장과 혁신을 지원하였으며, 글로벌 컨설팅 회사인 AT커니의 한국사무소 대표를 역임했다. 연세대 경영학과를 졸업하고 동 대학원 및 시카고대 경영대학원을 졸업하였으며, 현재 이화여대 경영대학 겸임교수이자 연세대 경영대학 명예강사로서 10여 년간 경영 컨설팅 과목을 강의해오고 있다. 저서 및 역서로는《글로벌 리테일 인사이트》,《마케팅 ROI》,《시스템의 힘》,《이노베이션 매뉴얼》등 10여 권이 있다. '모자이크 코리아'의 멤버로서 오랜 컨설팅 경험을 바탕으로 시나리오 플래닝 이론과 방법론에 대한 자문 역할을 담당했으며, 이번 집필 작업을 통해 통일 한반도의 미래를 위한 컨설턴트의 새로운 사명을 발견했다.

안선하 _ 전 대외경제정책연구원(KIEP) 연구원

KDI 국제정책대학원 석사를 졸업하고 한국경제TV 아나운서, 대외경제정책연구원 동남아대양주팀 연구원, 서울연구원 도시외교연구센터 연구원으로 일한 바 있다. KDI 대학원 시절 DMZ 세계생태평화공원에 관한 TF 프로젝트를 진행하면서 한반도의 통일은 국제 정치 문제이며, 북한의 개방과 개발협력은 동북아 평화의 길임을 알게 되었고 가상의 통일 시나리오를 계획한다는 것이 매우 의미 있는 경험이라 생각되었다. 한국인이라면 한 번쯤 시도해볼 중요한 시나리오 플래닝이라고 생각되어 프로젝트에 참여했으며 다양한 전문가들과 밤샘 토론을 하면서 남북 문제에 대한 사고의 폭을 확장하고 한반도의 미래를 함께 고민하고 공유할 중요한 계기가 되었다고 생각한다.

우하은_ 이화여대 북한학과 석사 과정

한동대학교에서 경제학, 국제지역학으로 학사학위를 받았다. 아산서원 제13기 원생으로서 워싱턴DC 소재 우드로윌슨센터에서 성황리에 인턴십을 마치고 돌아오는 등 한국 젊은이의 지적 열정을 발산하고 있다. "왜 우리나라는 아직도 통일을 이루지 못하고 있는가?"라는 질문에 답을 하기 위해 북한을 공부해야겠다는 뜻을 품고 대학원에 진학하면서 관련 단체에서 일을 하다가 '모자이크 코리아'에 참여할 수 있는 기회를 가졌다. 통일과 북한을 논하며 더욱 배우고 싶은 마음에 참여를 결정하였다. '모자이크 코리아'에서 격주로 모여 진행한 토론과 1박 2일의 워크숍은 '같이의 가치'를 느끼게 해주었다.

윤영휘_ 경북대 사학과 교수

현재 경북대학교 사학과 교수로 근무하면서 학생들에게 역사를 가르치고 있다. 과거 육군사관학교 군사사학과 전임강사, 서울대학교 역사연구소 선임연구원, 국방부 군사편찬연구소 선임연구원으로 일하였다. 해박한 역사지식으로 책 작업에서 자칫 놓치기 쉬운 역사적 사실을 바로잡는 데 주력했다. 서양 근대정치사 전문가로 '도덕자본의 정치(Politics of Moral Capital)'를 연구해왔으며 이를 한반도의 통일 과정에 접목하려 노력하고 있다. 이와 관련된 연구로 'American Society of Church History의 시드니 미드 상'과 '제7회 대한민국 역사학회 논문상'을 수상하기도 했다. 《혁명의 시대와 그리스도교》의 저자이기도 한 그는 대한민국이 맞이할 혁명 같은 변화를 대비하는데 그동안의 연구가 사용되길 바란다고 말한다.

이희숙_ 재단법인 동천 상임변호사

법무법인(유) 로고스, (주)포스코 변호사를 거쳐 재단법인 동천의 공익전담변호사로 일하고 있다. 대학원에서 북한학을 전공하였고, 〈라선경제무역지대 부동산제도 현황과 개선방안〉 등의 논문이 있다. 평화롭고 정의로운 사회를 꿈꾸며 비영리, 사회적 경제, 북한 분야에서 소송, 연구, 강의, 칼럼 연재, 제도 개선 등의 활동을 하고 있다. 법제도 개선의 공으로 2018년도 법무부장관 표창을 받았고, 북한이탈주민 지원과 관련하여 대한변호사협회 제7회 우수변호사로 선정되었다. 이 프로젝트의 기획에 중요한 역할을 담당했고, 시나리오 한반도 부분을 주로 집필했다. 집단 지성으로서 이 프로젝트를 함께하며, 우리 안에 작은 통일을 함께 만들어간 모두에게 감사의 마음을 전한다.

임형섭_ 법무법인 광장 파트너 변호사

현재 법무법인 광장의 파트너 변호사로서 광장 북한팀 실무 책임자(간사)이다. 〈남북경협 재개를 위한 국제사회의 대북제재 법적 검토〉(공저)와 〈대북제재 현황과 완화전망〉(공저)에 대한 논문을 발표한 적이 있으며, 이 분야에 대해 많은 기업들에게 자문을 해주고 있다. 또한 대통령 직속 민주평화통일자문회의 자문위원, 대한변호사협회 인권위원회 위원, 통일정책연구회 대표 등으로 활동했으며, 현재 통일부 개성공단법률자문단 자문위원, 통일부 통일법제추진위원회 위원, 서울지방변호사회 통일법제특별위원회 위원으로 활동하고 있다. 이 책에 참여하면서, 막연하게 보였던 통일 준비도 시나리오 플래닝의 기법에 따라 충분히 예측할 수 있으며, 변화무쌍한 남북 관계에 따른 통일 준비를 위해서는 한반도 시나리오 플래닝 작업이 반드시 필요하다는 확신을 가지게 되었다.

조양제_ 작가 겸 프리랜서 카피라이터

본인의 책 3권을 냈고, 10여 권의 책을 기획하고 공동 집필했다. 통일에 대한 관심은 1988년 전대협에서 평양 축전 관련 일을 지원하면서 시작되었다. 남의 힘으로 분단이 된 현실을 넘어, 이젠 우리 스스로의 힘으로 다시 통일을 이루는 날을 희망한다. 평창에 살면서 거주민으로서 평창 올림픽이 한반도 평화의 밑거름이 되었다는 것에 자부심을 느끼고 있다. '모자이크 코리아'의 멤버로 평창과 서울을 오가면서 젊은 지성의 열정에 감동을 받았고, 한반도의 평화를 바라는 그들의 마음을 책에 담고자 노력했다. 특히 남산 유스호텔에서의 1박 2일 밤샘 토론은 아주 멋진 경험이라고 생각하고 있다. 현재 사단법인 샌드(SAND:South and North Development)의 연구원으로 일하고 있으며, 다음 세대를 위한 한반도의 평화 디딤돌이 되기를 바라는 마음으로 이 프로젝트를 임하고 있다.

조정훈_ 아주대학교 통일연구소 소장

현재 아주대학교 국제대학원 특임교수 및 통일연구소 소장이며 대통령 직속 북방경제협력위원회 위원이자 개성공단지원재단 자문위원이다. 또한 우즈베키스탄 경제부총리의 자문으로 활동하고 있다. 연세대 경영학과와 하버드 케네디스쿨에서 공부를 마치고 세계은행에서 15년간 근무하며 국제개발 현장의 한복판에서 가난하고 힘없는 나라의 경제 발전에 기여했다. 이 과정에서 코소보 독립, 이스라엘과 팔레스타인 지위 협상, 동유럽과 중앙아시아의 체제 전환 과정에 직접 관여하였다. 통일을 통해 새로운 세상을 만드는 집단 지성의 모임 '모자이크 코리아'의 리더로서 이 프로젝트를 앞장서서 기획했다. 한반도가 세상의 걱정거리가 아닌 새로운 세상을 펼쳐내는 도약의 땅이 되기를 바라는 마음과 통일 코리아가 단순히 대한민국의 두 배가 아니라 우리 후손들과 세계인들이 살고 싶은 나라가 되기를 바라는 마음으로 하루하루를 살아내는 대한민국의 한 시민이다.

최귀일_ 법무법인 동서양재 변호사

변호사로서 표현의 자유와 그 한계의 문제, 공정거래, 민사 분쟁을 주로 다루고 있다. 통일부 통일법제추진위원이자 통일교육

위원이고, 대한변호사협회와 서울지방변호사회에서 통일문제 관련 위원으로 활동하고 있다. 남한만이 아니라 한반도에 사는 모든 이들이 사람답게 살아가는 세상을 꿈꾸며 있는 곳에서 작은 실천을 하고자 노력하고 있다. 하나원에 있는 탈북민들에게 매월 법교육 및 법률 상담을 수년간 진행해오는 것도 그러한 노력 중 하나이다. 이 프로젝트에 참여해 다양한 분야의 전문가들과 함께 북한과 통일에 대해 이야기하는 것 자체가 즐거웠고, 특히 북한 출신 인사들과의 지적 교류를 통해 미래 통일 한국의 모습을 미리 체험하는 귀한 시간이었다고 밝힌다. 미래의 통일 한반도 역시 이러한 다양성 속에서 사회통합을 이루어가길 희망하고 있다.

최경희_ 사단법인 샌드 연구소 대표

　일본 도쿄대학교에서 정치학 박사학위를 취득했으며 단국대학교 행정대학원 '정치사회학', '통일정책론', '조직과 권력' 강의를 진행하고 있다. 통일부 정책자문위원, 대통령 직속 민주평화통일자문회의 자문위원으로 활동 중이다. 이 프로젝트 중에서 북한 시나리오 플래닝을 아주 맛깔나게 집필했다. 북한 출신으로서 남북한의 통일은 삶 그 자체이며 인생의 궤적과 함께한다고 이야기한다. 해외에서 11년간 유학하면서 늘 남과 북을 마음에 안고 학문을 닦았다. 남북이 함께 발전과 번영의 길을 가기를 희망하며 '모자이크 코리아'에 참여했으며 통일에 뜻을 품고 미래를 준비하는 집단 지성과 함께한 시간은 통일의 퍼즐을 맞춰간 소중한 시간이었다고 말한다.

최종범_ 아시아재단 한국지부 사업담당관

현재 아시아재단 한국지부 사업담당관으로 일하고 있으며 재단의 개발협력 사업 및 북한사업을 담당하고 있다. 국제기구와 한국정부의 공적개발원조 사업 등을 경험하며 국제개발협력을 통해 통일에 기여하고자 하는 꿈을 갖게 되었다. 동북아시아 경제협력포럼 펠로우로 참여하여 '한반도의 지속가능개발을 위한 동북아시아의 준비'를 주제로 발표를 한 바 있으며, 한국 최초 남북 청년 합창단 통일 하모니의 테너 및 대외 협력을 담당하기도 하였다. 연세대학교 국제학 대학원에서 지역경제협력을 통한 통일 증진 방안에 대해 연구하며 이 책의 필요성을 느꼈으며, 그래서 '모자이크 코리아'와 함께한 인연이 신기하기만 하다고 한다. 프로젝트 모임 중간에 결혼에 골인해 진정한 인생 행복도 경험했다.

한태식_ KOTRA 무역기반본부 무역정보팀 과장

서울대 경제학부 학사, 석사를 마쳤고, 석사시절 국제무역론을 전공했다. 평생을 경제학 연구자로 지내기를 꿈꾸던 시절, 북한 경제의 성공적인 체제 전환이 늘 '신성장 동력'을 갈망하는 우리에게 새로운 기회가 될 거라고 생각해서 관심을 가졌지만 학문적 성과로는 연결시키지 못했다. 당시 북한의 체제 전환 문제를 어떻게 하면 특별한 사람들의 관심으로 국한시키지 않고 일반적인 경제학의 탐구 영역 안에 둘 수 있는지 여러 차례 고민했었다. 이번 '모자이크 코리아'를 통해 꿈꾸던 '오래전 그날'로 돌아간 것 같아서 무척 행복했다고 밝힌다. 책 중에 남북한 경제 통합과 성장 관련 내용을 함께 집필했다.

홍승표_ 개성공업지구지원재단 남북통합경험교육팀

서울대 지리학과에서 남북의 문화·지역통합에 관심을 두고 박사과정 공부를 하고 있다. 석사과정에서 서울의 다문화 지역을 연구하면서 서로 다른 문화의 통합을 위한 지역 정책에 관심을 가지게 되었다. 학군 장교로 전방에서 복무 당시 국지 도발실 상황을 겪으면서 북한과 인연을 맺었고 통일부 근무, 개성공단 북한 현지 근무 등을 통해 남북 관계에 깊이 관여하게 되었다.

2016년 개성공단을 닫고 나와서 크게 낙심해 있을 때 '모자이크 코리아'에 합류하게 되었고, 이 집단 지성의 순수한 열정과 협력 속에서 희망을 찾게 되었다.

황순욱_ 삼성생명 GFC사업부

현재 삼성생명 GFC사업부에서 중소기업 대표들을 위한 컨설팅을 한다. 전문가들만이 논하는 통일이 아닌 일반 대중 모두가 말할 수 있는 통일을 꿈꾸는 평범한 소시민이다. 연세대 경영학과를 졸업하고 중소기업 관리자로 지금까지 현장을 누비면서 북한 지역에 사회적 기업을 만들 꿈을 꾸고 있다. 현재는 연세대 행정대학원에서 북한과 동아시아에 대해 공부하고 있다.

2019~2029
시나리오 한반도

2019년 1월 25일 초판 1쇄 발행
지은이 · 모자이크 코리아 | 감수 · 김동재

펴낸이 · 김상현, 최세현
책임편집 · 김형필, 조아라, 양수인 | 디자인 · 김애숙, 정아연

마케팅 · 심규완, 김명래, 권금숙, 양봉호, 임지윤, 최의범, 조히라, 유미정
경영지원 · 김현우, 강신우 | 해외기획 · 우정민

펴낸곳 · ㈜쌤앤파커스 | 출판신고 · 2006년 9월 25일 제406-2006-000210호
주소 · 경기도 파주시 회동길 174 파주출판도시
전화 · 031-960-4800 | 팩스 · 031-960-4806 | 이메일 · info@smpk.kr

ⓒ 모자이크 코리아(저작권자와 맺은 특약에 따라 검인을 생략합니다)
ISBN 978-89-6570-754-7 (03340)

쌤앤파커스(Sam&Parkers)는 독자 여러분의 책에 관한 아이디어와 원고 투고를 설레는 마음으로
기다리고 있습니다. 책으로 엮기를 원하는 아이디어가 있으신 분은 이메일 book@smpk.kr로 간단한
개요와 취지, 연락처 등을 보내주세요. 머뭇거리지 말고 문을 두드리세요. 길이 열립니다.